Dr Léon WAUTHY

# Psychologie du Soldat

## EN CAMPAGNE

PARIS
Henri CHARLES-LAVAUZELLE
Éditeur militaire
124, Boulevard Saint-Germain, 124

MÊME MAISON A LIMOGES

1920

# PSYCHOLOGIE

## du Soldat en Campagne

Dʳ Léon WAUTHY

# Psychologie du Soldat

## EN CAMPAGNE

PARIS
Henri CHARLES-LAVAUZELLE
*Editeur militaire*
124, Boulevard Saint-Germain, 124

(MÊME MAISON A LIMOGES)

1920

# TABLE DES MATIÈRES

# PRÉFACE

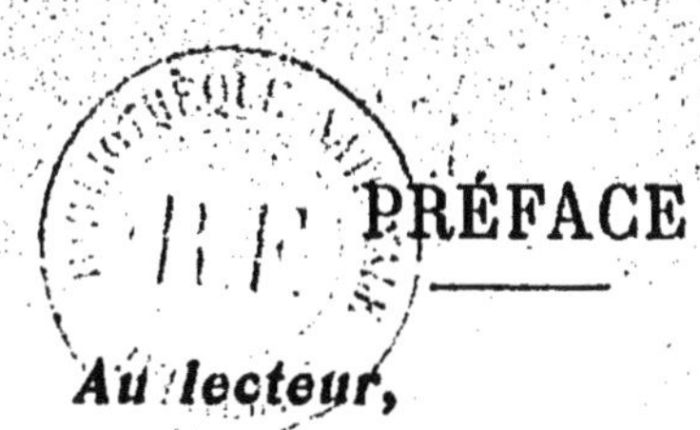



*Au lecteur,*

*L'affreuse tourmente est passée, la paix enfin revenue sur la terre. Qu'elle soit bienfaisante, consolatrice pour l'humanité éprouvée. Qu'au sein même de l'épouvantable charnier, germe à présent la semence féconde; que du chaos des misères entraînées par l'horrible fléau s'élève, dans l'avenir le plus proche, l'ère de prospérité mondiale, si douloureusement brisée par l'agression des barbares.*

*Un dernier devoir reste à remplir à ceux qui ont pris part à ce drame sinistre : donner dans leur domaine les déductions utiles, tirées de l'expérience du passé qu'ils ont vécu et de l'analyse des faits qu'ils ont pu observer. Ils pourront ainsi encore, après l'effort déployé dans la lutte, apporter à l'œuvre de régénération une contribution nouvelle. Si humble que soit celle-ci, elle sera toujours utile, ne fût-ce que par la mise à jour et la correction des errements anciens.*

*Les temps futurs, espérons-le, n'auront plus à revivre ces terribles moments. Nous osons croire que les peuples, s'inspirant des leçons du passé, auront enfin la saine compréhension de ce que doivent être les rapports entre les différentes nations. Vivons de l'espoir qu'elles seront désormais assez maîtresses d'elles-mêmes pour éviter le retour de pareils cataclysmes, et qu'une évolution rapide des masses sociales saura anéantir les puissances néfastes qui pourraient déchaîner à nouveau le fléau de la guerre. Les efforts de tous doivent se concentrer dans cette orientation idéale.*

*Notre étude, se rapportant tout entière à l'analyse des réactions psychiques du soldat en campagne, pourrait sembler, dans ces conditions, devoir être inutile. Mais, en admettant même que la guerre ne réapparaisse plus sur notre globe, la recherche des choses vraies n'est jamais superflue. Si l'effet bienfaisant n'est pas réalisé immédiatement, les déductions qui en découlent ont toujours une répercussion indirecte profitable. La publication de cette étude est voulue dans ce sens.*

A la fin de l'année 1917, nous avons demandé à faire paraître cet ouvrage, en le destinant plus spécialement au cadre des officiers.

Les règlements militaires nous imposaient de soumettre préalablement le manuscrit à l'approbation du général Pierre De Ceuninck, ministre de la guerre. Il fut jugé inopportun par ce monsieur. Nous devions nous conformer à la décision de l'autorité supérieure.

Nous ne voulions pas cependant faire œuvre d'anarchie militaire en attaquant les institutions anciennes; nous désirions, comme tout bon patriote, apporter notre plus grande contribution à l'œuvre commune de libération, en fournissant dans notre domaine tout ce que notre concours pouvait donner de bon.

Nous avions la conviction absolue que l'on ne se préoccupait pas assez à l'armée du moral du soldat. Ce manque de jugement menait tout droit à des conséquences désastreuses, et nous avions cru faire œuvre utile en donnant aux dirigeants des directives redressant certaines erreurs manifestement constatées. Les premiers mois de l'année 1918 démontrèrent que nous avions raison.

Mais les choses vraies, quand elles sont pénibles à entendre, ne sont point toujours du goût de ceux à qui elles s'adressent. Nous avons eu le courage d'oser.

En rejetant ce livre comme inopportun au moment propice où sa publication eût été la plus utile, nous laissons au lecteur la faculté de juger si M. le ministre De Ceuninck a agi judicieusement ou s'il a manqué à son devoir.

Nos idées étaient cependant partagées par tous ceux qui, vivant au contact du soldat, avaient senti sa vie, analysé son caractère, observé ses réactions et déduit par après les résultantes de leurs observations.

Les causes qui agissaient sur le moral du soldat en campagne étaient d'ordres divers. Nous les avions étudiées minutieusement pendant les trois premières années de notre présence au front. Nous étions donc en droit de croire nos observations confirmées par la multiplicité des cas et par l'expérience du temps. Nous les avions relevées patiemment au contact même du soldat, en partageant avec lui toutes les péripé-

ties de sa vie, en l'observant scrupuleusement dans ses manifestations spontanées, en traçant pour ainsi dire, jour par jour,
et comparativement aux circonstances, la courbe graphique
de son moral. Ce que nous avancions, nous l'avions pris sur
le vif, nous l'avions senti, nous l'avions vécu personnellement.

La vie intime du combattant, ses réactions morales, ses nécessités matérielles sont malheureusement trop souvent igno-
rées des grands chefs. Les fonctions d'état-major ou d'employé
de ministère ne se prêtent guère qu'à l'analyse théorique des
besoins du soldat. C'est en partageant la propre existence du
troupier en campagne qu'on peut seulement pénétrer son
« moi intime », saisir ses réactions psychiques, rechercher
leurs origines et trouver le moyen de les orienter.

Ce que les hauts dirigeants peuvent examiner est, le plus
souvent, trop superficiel et truqué. Dans leurs inspections on
leur présente, comme on dit vulgairement, la pilule dorée.
L'enrobage dissimule la lésion profonde. Bien peu d'entre
eux, hélas! savent pénétrer au fond des choses et parviennent
à connaître l'absolue réalité. C'est ce qui eut lieu malheureusement trop souvent dans l'armée durant les longues années
de la grande guerre. Ceux qui, parfois, ont osé dire des vérités
se sont vus, par ordre, obligés de se taire. N'avons-nous même
pas eu de nos confrères brisés pour avoir signalé certains
abus manifestement constatés?

Mais les temps changent et avec eux les possibilités. Nous
ne sommes plus actuellement sous le régime tout-puissant de
l'homme à la poigne de fer. La liberté de penser et de dire
nous est rendue. Quoique notre travail soit moins d'actualité,
moins apte surtout à porter tous les fruits qu'il aurait pu donner à son moment propice, nous nous sommes décidé quand
même à le livrer à la publication. Nous jugeons qu'il pourra
être utile encore, tant pour l'éducation et la conduite du soldat
actuel, que pour l'étude de la psychologie générale. A l'instar
de l'officier, et par similitude de fonctions, tout éducateur, tout
conducteur d'hommes y trouvera les grands principes qui, en
tous temps et en tous lieux, doivent guider un supérieur dans
la façon de se comporter vis-à-vis de ses subordonnés.

Gerpinnes (Belgique), mars 1920.

Dʳ Léon WAUTHY.

# PSYCHOLOGIE
## du Soldat en Campagne

---

### CHAPITRE PREMIER.

**DE LA FORCE MORALE DU COMBATTANT.**

Avant d'entreprendre l'étude des causes qui agissent sur la force morale du soldat en campagne il est nécessaire de définir l'essence même de celle-ci, afin de pouvoir mieux analyser son action.

La force morale du combattant est une énergie psychique, une qualité de l'âme qui lui permet de surmonter, sans défaillance, toutes les causes de dépression engendrées par la guerre. C'est par elle qu'il subit sans découragement les privations de tous genres, qu'il supporte sans se plaindre les fatigues les plus grandes, qu'il ne se laisse déprimer, ni par les misères constantes, ni par les malheurs innombrables qu'il constate autour de lui. C'est elle aussi qui sait lui faire braver tous les dangers et, quand c'est nécessaire, accepter la mort même dans un sacrifice volontairement consenti. Elle est la source de toutes ses vaillances, elle lui inspire les sentiments les plus nobles, elle lui donne la volonté implacable de vaincre, elle vivifie même la force matérielle qui est en lui.

Plus que jamais, dans les guerres actuelles, le soldat doit être fort moralement, car la durée des chocs violents est plus longue qu'autrefois et son courage est soumis à des épreuves plus rudes. Sa valeur morale doit donc être portée à son summum.

× ×

En campagne, pour vaincre l'adversaire, il faut posséder des moyens. Le devoir de réaliser dans tous les domaines les facteurs nécessaires à la lutte incombe aux dirigeants militaires.

L'accumulation de ces moyens, la récupération des énergies, l'assimilation des forces matérielles ont été de tous temps, et dans tous les pays, l'objet d'études approfondies.

Mais dans des guerres d'usure, telles qu'elles s'imposent actuellement, tous ces facteurs primordiaux de la lutte ne suffisent point pour obtenir la victoire. Le triomphe final appartient seulement à celui qui conserve le plus longtemps le maximum de forces morales vives.

Le temps est un destructeur inévitable auquel, normalement, rien ne résiste. Toutes les énergies s'altèrent sous son influence; elles finissent même par disparaître complètement si l'on ne s'efforce de les régénérer.

En campagne, parmi celles qui entrent en action dans la lutte, il en est une de puissance absolue qui, sous peine de désastre, doit toujours rester intacte, être vivifiée et exaltée par tous les stimulants nécessaires. Cette énergie essentielle est la force morale qui anime le soldat.

Comme toutes les autres forces, elle s'épuise aussi par l'action des causes de dépression engendrées par la guerre, la longue durée des hostilités, le surmenage physique, les privations de tous genres, la tension nerveuse constante, les chocs moraux répétés coup sur coup. Dans les moments critiques où l'âpreté de la lutte est arrivée à son paroxysme, où les combats les plus acharnés vont décider du sort de chaque belligérant, les dirigeants doivent pouvoir disposer de cette puissance au summum du rendement qu'elle est capable de donner. En la laissant dégénérer, ils verront s'anéantir devant eux tous les résultats de leurs efforts passés, leurs troupes céderont vite à la pression de l'adversaire et l'humiliante défaite sera l'aboutissant fatal de leur imprévoyance ou de leur incurie.

Un des vainqueurs de la guerre russo-japonaise, le général Nogi, l'avait compris quand, analysant les causes efficientes de la victoire, il émettait cet axiome concret : « Le triomphe final sera donné à celui qui tiendra un quart d'heure de plus que l'autre », vérité banale en soi, mais si pleine d'enseignements quand on médite tout ce qu'elle contient de profond.

Pour tenir ce quart d'heure de plus que l'adversaire, il ne suffit pas de posséder uniquement des moyens matériels capables de dominer, il faut que ceux qui les emploient aient une force de caractère suffisante pour aller jusqu'au bout. Leur décision doit pouvoir demeurer inébranlable, leur vouloir assez ferme pour rester maîtres les derniers. Ils n'acquerront ces qualités qu'en possédant une force morale toujours vive et intacte.

Pour triompher, il faut avoir la résolution indomptable de vaincre; la guerre, dans son essence même, n'est qu'une lutte de volontés opposées l'une à l'autre.

Au bout d'un certain temps, le triste spectacle de tous les maux dérivant du sinistre fléau peut produire un fléchissement moral partiel chez les individus à caractère moins trempé, n'entrevoyant que la situation du moment, n'examinant brutalement que les faits en eux-mêmes. Ceux-là deviennent alors incapables de mettre en parallèle les manifestations de leur égoïsme avec les avantages récupérés par une victoire complète. Ils ne songent plus aux malheurs inhérents à l'abandon prématuré de la lutte et se découragent facilement. Ce relâchement moral peut devenir fatal. Quand la lassitude commence, si les chefs n'y prennent garde, le nombre des défaillants risque d'augmenter rapidement chaque jour dans les rangs de l'armée.

C'est à cette possibilité d'affaiblissement moral que le gradé doit savoir prendre garde pour y parer à temps. C'est contre cette diminution de la valeur combative du soldat qu'il doit être à même de réagir quand elle se manifeste. C'est afin de pouvoir mieux veiller sur ce grand facteur primordial de la lutte, que ceux qui dirigent doivent posséder les éléments de psychologie nécessaires pour assurer une direction parfaite aux masses qu'ils ont l'honneur de commander.

Trop peu de gradés attachent à la force morale l'importance qu'il convient. Ils négligent ce devoir essentiel pour reporter leurs préoccupations entières sur les questions matérielles. C'est là une erreur funeste qu'il importe de redresser.

En guerre, chaque adversaire est armé de deux forces ; l'une matérielle, l'autre morale. La puissance matérielle est nécessaire, et tous les efforts doivent tendre à l'augmenter constamment. Seule, cependant, elle est insuffisante. Sans l'énergie morale son action devient nulle. Une arme perfectionnée dans la main d'un homme dont le courage défaille ne sert plus à grand' chose.

Il en est de même de l'entraînement physique et de l'instruction militaire. Quel que soit le développement de ces deux facteurs, quel que soit le degré de perfection auquel ils puissent avoir atteint, les résultats seront toujours incomplets s'ils n'ont pas, comme complément indispensable, l'éducation morale concomitante. Il ne suffit pas que le soldat soit armé, qu'il soit instruit, qu'il sache manier son arme à la perfection. Pour qu'il arrive à vaincre, qu'il accomplisse son devoir jusqu'au bout et sans faiblesse, il faut qu'une force intime le soutienne et l'élève au-dessus des sentiments égoïstes. L'énergie morale seule lui donnera cette puissance d'action.

Individuellement, l'influence de la force morale prédomine déjà dans les diverses circonstances de la vie de l'homme. Dans toute agglomération elle devient plus nécessaire encore, car les causes de défaillance sont en raison directe du nombre des participants. Si donc elle s'impose au soldat isolé, elle doit aussi exister dans la masse de l'armée. Plus que toute autre association, cette dernière doit être animée de cette énergie psychique collective.

En campagne surtout, alors que l'épreuve est constante, elle est indispensable. Une armée ne meurt guère de ses pertes matérielles, elle périt presque toujours de l'altération de sa force morale.

C'est avec l'âme du soldat que l'on gagne la bataille. Quand une troupe est animée d'un courage solide, il est facile de lui faire accomplir de grandes choses. Le succès ou l'insuccès dépend en grande partie de la valeur de cet état d'esprit.

Toutes les guerres ont démontré l'influence prépondérante de ce facteur sur tous les autres. Même de nos jours, où les progrès de l'armement et son développement excessif sont

devenus les moyens puissants du combat, la valeur de la force
morale dans le succès final reste non seulement proportionnellement la même, mais devient plus importante que jamais.
A cette époque, où la lutte existe le plus souvent contre un
ennemi invisible, le soldat n'a plus toujours comme autrefois
le stimulant de voir porter ses coups. Son courage doit pouvoir être calme, obcur et silencieux. Sa force de caractère doit
être d'autant plus grande. L'élévation de sa valeur morale,
seule, lui donnera cette énergie psychique.

× ×

La nécessité de posséder en campagne une armée dotée
d'un moral puissant, inébranlable, l'obligation de développer,
d'entretenir, d'exalter au besoin ce facteur essentiel de la
lutte, ont été reconnues de tout temps.

Les règlements de toutes les armées prescrivent aux gradés
de s'appliquer à réaliser cet idéal. Mais les bases fixes sur lesquelles ils peuvent étayer leur action, la direction bien dé-
finie, l'orientation décisive, ne leur sont point suffisamment
données. L'imposition n'est pas formelle; presque toujours
elle n'est pas contrôlée; le tout est trop laissé à l'initiative personnelle. Comme conséquence, rien n'est fait spécialement
dans cet ordre d'idées.

Tout le monde proclame l'importance de la force morale,
mais bien peu se soucient de la développer. On ne se préoc-
cupe pas assez des réactions psychiques du simple soldat.
Tout dans l'armée a été minutieusement étudié, les engins
d'attaque, les moyens de défense, les méthodes d'application
donnant un maximum de rendement. Mais on a presque toujours négligé, dans sa partie essentielle, celui qui devait
s'en servir, c'est-à-dire le combattant. De toutes les parties
de la science militaire, l'âme du soldat a été la moins analy-
sée. Et cependant, nous osons l'affirmer hautement, pour
gagner une guerre, elle vaut plus à elle seule que tout le restant du domaine militaire, car sans elle la puissance matérielle n'est absolument rien.

Cette absence d'orientation, ce manque d'imposition ont été

souvent préjudiciables durant la dernière guerre. Il faut y remédier à tout prix.

Sachons donc, tout au moins à présent, profiter des terribles leçons du passé. Tirons de l'observation des faits, de l'analyse des errements anciens, toutes les déductions nécessaires pour orienter désormais la synthèse de nos efforts vers la réalisation de cet idéal : porter à son summum chez chacun de nos soldats l'énergie de sa force morale.

# CHAPITRE II.

## L'ÉTAT PSYCHIQUE DU SOLDAT EN CAMPAGNE DIFFÈRE DE CELUI DU TROUPIER EN TEMPS DE PAIX.

Ce serait commettre une erreur primordiale de considérer l'état psychique du combattant comme identique à celui du troupier en temps de paix. Les deux sont essentiellement dissemblables. Cette différenciation implique nécessairement des réactions différentes.

C'est de cette première réalité psychologique que doit être imprégné tout gradé qui commande dans une armée en campagne.

× ×

Les causes qui ont entraîné cette métamorphose sont multiples. Elles sont d'ordres physique et moral.

### A. — Causes physiques :

*Age.* — Alors que le soldat du temps de paix est au service de vingt à vingt-trois ans, l'âge de celui qui fait campagne varie entre dix-huit et cinquante.

*Tempérament.* — Comme le dicton l'indique, « chacun a le caractère de son âge ». Le jeune est un impulsif, bouillant d'ardeur, plein d'entrain, plein de fougue. C'est aussi un sentimental, prompt à l'enthousiasme, imbu encore d'idéalisme. Le soldat âgé est devenu plus calme, moins sensible dans ses réactions, plus réaliste, plus positif; il raisonne, il calcule.

Chacun de ces états présente des qualités qui pourront être exploitées, mais aussi des défauts inhérents auxquels il faudra prendre garde.

Comme nous le verrons plus tard, c'est au gradé, en connaissance de cause, à savoir récupérer les avantages tout en évitant les inconvénients propres à chacun de ces tempéraments.

*État physique.* — L'état physique est en relation directe avec l'âge. Le surmenage, les fatigues sont moins allègrement supportées quand les années augmentent. Ce qui est adapté à 20 ans ne l'est plus toujours à 40. Et nul n'ignore que le physique a sa répercussion sur le moral, autre facteur dont le chef devra toujours tenir compte.

*Conditions de vie matérielle.* — Dans les deux cas, les conditions matérielles de la vie sont essentiellement différentes.

Tandis que le troupier de garnison a des repos réguliers, intercalés entre chacun des exercices, que son système nerveux n'est ébranlé par aucune cause anormale, à la guerre, le surmenage intensif est de règle et l'épuisement momentané en est souvent la résultante.

A la caserne, le soldat jouit d'un confort suffisant et est servi d'un ordinaire varié. En campagne, le logement, lorsqu'il existe, est souvent des plus sommaires, quand il n'est pas défectueux; la nourriture, quoique substantielle, diffère souvent de la normale et les privations de tous genres y sont des plus fréquentes.

L'adaptation pourra parer à bien des défectuosités, mais il n'en est pas moins vrai que tous ces facteurs, surajoutés aux causes physiques précédemment décrites, donneront au soldat en campagne un état d'âme nouveau influençant ses réactions psychiques.

### B. — Causes morales :

D'autres facteurs, d'ordre moral, contribuent plus puissamment encore à métamorphoser l'état d'esprit du combattant.

*Observation des règlements de discipline.* — En temps de paix, le soldat est maintenu à la caserne sous la surveillance constante de ses gradés, dans un milieu où chaque règlement a sa portée efficace et où la discipline, méthodiquement appliquée, obtient son maximum de rendement. A l'armée de campagne, l'homme vit au cantonnement dans un état de liberté plus grande, et l'application de toutes les prescriptions est matériellement rendue plus difficile. Le jugement du soldat, sa façon de raisonner, d'accepter, de se soumettre en sont influencés. Il se forme en lui une nouvelle mentalité dont il faudra toujours tenir compte.

*Charges de famille.* — Le soldat du temps de paix, à peu d'exceptions près, est un célibataire n'ayant en général aucune charge de famille. Ses soucis sont nuls; souvent même il est aidé pécuniairement par les siens.

Le soldat en campagne, dans la majorité des cas, est un père laissant derrière lui une femme, des enfants et des parents âgés aux besoins desquels il devait subvenir. Le bien-être de ceux qu'il a abandonnés est son souci constant.

*Relations.* — Le troupier de garnison est en relation avec les siens. Il lui est possible en tous temps de correspondre avec eux; il peut les revoir à intervalles rapprochés. Presque toujours il accomplit son temps de service dans son propre pays.

A la guerre, le soldat ne se trouve plus dans les mêmes conditions. Si les facilités postales permettent à certains de correspondre souvent, si les congés de repos les autorisent à revoir périodiquement les leurs, la nécessité presque constante de la présence au front fait sentir bien davantage la séparation. Pour certains des régions envahies, pour d'autres éloignés de la mère patrie, la séparation est complète.

Toutes ces différences créent des états d'esprit nouveaux devant entraîner nécessairement des réactions dissemblables.

*Sécurité relative.* — En garnison, l'homme a l'assurance de la vie sauve. En campagne, il n'est jamais certain du lendemain. Il voit tomber ses camarades; autour de lui des vides de plus en plus nombreux se creusent dans les rangs. Au calme ancien ont succédé la tension nerveuse constante et les chocs moraux répétés.

× ×

La différence qui existe entre le soldat du temps de paix

et le mobilisé en campagne est d'autant plus sensible que ce dernier a quitté l'armée depuis longtemps ou qu'il n'en a jamais fait partie. Elle est d'autant plus grande qu'il est devenu plus âgé et que ses charges de famille sont plus nombreuses.

Ces conditions diverses l'ont métamorphosé grandement au point de vue psychique.

C'est donc en connaissance de cause de ce nouvel état d'âme que nous devons guider notre orientation dans cette étude. Assimiler le soldat en campagne à celui du temps de paix, vouloir le conduire dans des conditions identiques, essayer d'agir sur son moral d'après les mêmes principes, serait commettre une erreur funeste devant aboutir à des mécomptes multiples.

C'est de cette différenciation essentielle que doit être imprégné tout gradé. L'officier de carrière, enclin davantage à la déformation professionnelle, devra plus que tout autre y prendre garde.

# CHAPITRE III.

## FACTEURS INFLUENÇANT LE MORAL DU SOLDAT EN CAMPAGNE.

L'état d'âme du soldat en campagne est susceptible de varier suivant les circonstances qui entourent sa vie. Des influences multiples agissent sur son moral et le modifient en tous sens. D'après les réactions qu'elles déterminent, elles exaltent ou dépriment celui-ci.

Logiquement, nous pourrions donc diviser ces influences en causes d'exaltation et en causes de dépression. Mais un même facteur, selon son orientation, provoque parfois des effets différents.

Vis-à-vis de ces résultantes diverses, nous avons préféré les étudier séparément en groupant dans un même chapitre, par opposition, la cause qui exalte et celle qui agit directement dans un sens opposé.

### A. — Patriotisme.

Le patriotisme est la source essentielle d'où dérive la force morale du combattant.

La patrie, pour le soldat en campagne, c'est l'ensemble de tout ce qu'il a de plus cher, de tout ce qu'il aime du plus profond de son être. C'est le pays où il est né, où il a grandi, où se sont passées son enfance et sa jeunesse. C'est l'endroit où ses ancêtres ont vécu, où il reposent à l'ombre des grands cyprès. C'est le village natal à qui tant de souvenirs le rattachent; c'est le clocher dont la grande voix, reconnue entre toutes, a tinté aux jours heureux et aux heures pénibles de son existence. C'est la chaumière, c'est le lopin de terre gagnés durement à la sueur de son front. Ce sont les êtres aimés, abandonnés au foyer familial; ses vieux parents qui ont tant fait pour lui, la compagne de sa vie, les enfants qui perpétuent son nom. C'est aussi le bien commun, tout le passé sublime, le travail séculaire des aïeux, tout ce que ses ancê-

tres lui ont légué de grand, de noble, de glorieux, d'héroïque
et de beau. C'est l'honneur national, ses traditions, ses libertés, ses institutions, son indépendance, qu'ils ont conquis de
leur sang. C'est aussi la fierté, l'amour-propre de la race, qui
prétendent ne pas subir l'affront et qui incitent à la lutte contre tout ce qui porte atteinte à la dignité du pays. C'est tout
cet héritage en péril qu'il ne peut voir anéantir ou laisser
outrager. C'est tout ce patrimoine sacré qu'il doit défendre
contre l'envahisseur et que la loi du devoir lui impose de
transmettre intact à ses descendants, car la patrie n'est pas
seulement le passé, c'est aussi l'avenir dans l'enfant qu'il a
créé.

Le patriotisme est un sentiment naturel, inné. Il représente une force dérivée non seulement d'un agrégat ethnique,
géographique et linguistique, mais provenant aussi d'une personnalité historique ayant son âme propre. Il existe chez tous
à des degrés variables d'intensité. Souvent confus, mais vi-
vace, en temps de paix, la guerre le réveille de son état la-
tent. Son action se répercute sur tous les combattants, quels
que soient leur âge et leur condition sociale. Il est susceptible d'être exalté chez tous.

Plus le soldat réagira à ces sentiments nobles, plus l'amour
de la patrie sera développé en lui, plus sa force morale sera
puissante, sa réaction vive et sa valeur combative ardente.
Il défendra alors son pays avec le plus grand des courages,
mettant sa destinée au-dessus de ses intérêts matériels, de ses
liens de famille et de sa propre existence. Si les vicissitudes
de la campagne l'amènent à des situations critiques, il saura
lutter jusqu'au bout, sans défaillance, en surmontant toutes
les difficultés, toutes les causes de dépression engendrées par
la guerre.

En campagne, c'est aux gradés qu'incombera la tâche d'entretenir ce facteur de lutte si puissant pour la combativité
d'une armée. En maintenant leurs hommes animés d'un patriotisme ardent, ils auront en leur pouvoir une force qui
primera toujours tout. En avivant ce noble sentiment, ils les
rendront capables de lutter sans relâche et avec une énergie
constante jusqu'au triomphe final.

× ×

Certaines causes, malheureusement, peuvent altérer la force vive du patriotisme. En premier lieu viennent les querelles intestines dérivant des rivalités d'intérêt et engendrant les inimitiés sociales.

Si les dissensions au sein d'un même pays affaiblissent déjà considérablement en temps de paix l'amour de la patrie, en temps de guerre elles sont toujours funestes. Elles enlèvent au soldat l'idéal pour lequel il se bat et détruisent tous les liens de cohésion entre les divers éléments ae l'armée. La solidarité disparaît dans la troupe, le courage de chacun s'amoindrit, l'indiscipline se manifeste, la résistance de la masse s'affaiblit et l'écrasement fatal ne tarde pas à se produire.

Un triste exemple de cette cause de dépression morale nous a été fourni au cours de la dernière guerre par nos principaux alliés du front oriental. Alors qu'ils étaient en nombre de beaucoup supérieur et approvisionnés, que de brillantes victoires avaient antérieurement démontré leur supériorité sur l'ennemi, le poison mortel de l'anarchie sociale s'infiltrait dans leurs rangs, paralysait leurs forces, décimait leurs énergies, annihilait leur résistance. Et l'humiliante défaite suivie du recul déshonorant, devenait la triste conséquence des troubles sociaux auxquels était livré ce malheureux pays.

Un enseignement précieux se dégage de ces tristes constatations : les luttes intestines désagrègent l'énergie morale produite par le patriotisme. Elles nous montrent aussi qu'une nation doit demeurer intégralement unie quand elle se trouve devant l'ennemi, qu'une seule volonté doit être sienne : combattre l'adversaire de toutes ses forces, avec toutes ses énergies, toute la puissance d'action dont elle dispose, sans rien laisser distraire de cette orientation unique.

Les discussions politiques, les querelles de partis, les luttes de races, doivent disparaître, non seulement au sein de l'armée qui combat, mais aussi à l'intérieur du pays dans l'élément civil. Toutes les coalitions d'intérêts, toutes les rivalités quelconques doivent être anéanties, aucune dissension ne doit être fomentée.

Le peuple tout entier doit rester animé d'une seule volonté inébranlable : vaincre l'ennemi d'abord.

× ×

D'autres facteurs peuvent également amoindrir le sentiment patriotique. Depuis un quart de siècle surtout, l'évolution sociale a poussé certains partis à supprimer l'idée de patrie, à vouloir abolir les frontières des différents pays, à les rendre fictives par la fraternité mondiale.

Cette doctrine de l'*internationalisme* prêche l'union sacrée de tous les peuples dans une seule grande famille : l'humanité entière. Elle pousse au *pacifisme* constant, répudie la guerre, essaye de la combattre en opposant la force d'inertie et parfois même en l'entravant dans ses moyens d'action. Elle conduit à l'*antimilitarisme*.

Ce danger est moins grand qu'il ne paraît devoir l'être. Cet idéal, vers lequel s'achemine cependant l'évolution sociale, est irréalisable positivement dans les temps actuels. Ce sentiment, noble dans sa conception, que les idées avancées de l'internationalisme ont fait germer au cœur de l'homme, n'est pas suffisamment imprégné dans la masse pour constituer une force collective capable d'imposer sa volonté.

Les temps futurs, par l'amélioration morale de l'homme, réaliseront cet idéal, mais il faudra pour en arriver là que l'égoïsme cesse d'être le but constant de toutes les préoccupations sociales. Tant que l'évolution progressive des peuples n'aura pas atteint cette perfection, les conflits internationaux persisteront au même titre que les querelles privées.

La guerre doit donc être acceptée, actuellement encore, comme un des fléaux toujours possibles, dérivant de l'évolution incomplète et des imperfections de l'humanité.

Le soldat imbu des théories du pacifisme, de par ses idées, devrait être dans les rangs un mauvais patriote, car ses principes n'admettent pas la lutte fratricide entre les peuples.

Dans la réalité il n'en est pas ainsi. Devant le fait accompli, l'antimilitariste comprend et abdique.

Le sentiment inné du patriotisme se réveille en lui et il devient rapidement un bon soldat si son officier sait le conduire intelligemment. Des milliers d'exemples l'ont démontré dans les temps passés. Ceux qui professaient ces opinions avancées ont fait corps immédiatement avec ceux qui se sont portés les premiers au secours de la patrie menacée.

L'officier devra cependant savoir rechercher parmi ses hommes ceux chez qui ces idées ont germé. La métamorphose le plus souvent s'opérera d'elle-même.

Si c'est nécessaire, il devra les aider en les raisonnant.

Il s'abstiendra, au début surtout, d'employer la contrainte vis-à-vis d'eux. Presque toujours il en fera de bons et de loyaux soldats. Si le mal se révèle incurable, si malgré tout l'anomalie persiste, si surtout l'antimilitariste devient une source de contamination morale pour les autres soldats, il devra l'éliminer impitoyablement. En guerre, le temps manque pour tenter une rééducation trop longue.

✕ ✕

D'autres théories peuvent aussi engager le soldat à refuser de se battre. Plusieurs sectes religieuses n'admettent pas le droit de tuer. Leurs adeptes refusent donc de combattre en se servant directement des engins de destruction. Ils se déclarent cependant prêts à servir leur patrie et demandent à être utilisés dans des emplois spéciaux.

Un de ces exemples nous a été donné au cours de la dernière guerre par les membres de certaines sectes anglaises, refusant de faire partie des troupes combattantes, mais s'offrant pour exécuter les travaux les plus dangereux sous le feu même de l'ennemi.

Dans la plupart des armées, les séminaristes et les prêtres ont rendu dans leurs fonctions de brancardier des services importants. Ils y ont rempli tout leur devoir avec une abnégation et un esprit de sacrifice aussi héroïque que sublime.

La conviction religieuse n'affaiblit pas le sentiment patriotique; elle l'exalte même dans certains cas.

**B. — Confiance dans le triomphe final.**

L'armée doit pouvoir puiser en elle-même son énergie morale. Sa foi dans le triomphe final doit être inébranlable et sa confiance dans le succès doit dériver d'un raisonnement conscient. Le combattant doit la posséder absolue.

Il sera réellement imprégné de cette conviction si elle est étayée de garanties perçues par son esprit d'observation. Il aura cette assurance quand il sera convaincu de la valeur réelle de ses chefs, quand il jugera suffisants les moyens matériels dont il dispose dans la lutte, quand il se sera rendu compte de la puissance d'action de son armée.

### I. — Valeur des chefs.

Le soldat est généralement doué d'un esprit d'observation suffisant pour le rendre capable d'apprécier la valeur réelle de ses chefs. S'il ne peut le faire directement, il s'en rendra toujours compte par la constatation des résultats obtenus.

La confiance du combattant dans ceux qui le dirigent doit être absolue. Elle sera un des grands facteurs de sa force morale. Cette confiance ne peut s'inculquer aux subordonnés à la façon d'une simple consigne. Elle s'imposera d'elle-même si les supérieurs sont à la hauteur de la tâche qui leur est confiée. Le soldat ne se donne pas spontanément à ses chefs, uniquement parce que ceux-ci possèdent des galons. Il se confie seulement à ceux que son jugement reconnaît supérieurs de par leurs qualités.

#### 1° COMPÉTENCE.

Le soldat doit trouver dans son chef un guide absolument certain. Le gradé arrivera à imposer cette confiance à ses subordonnés en leur faisant apprécier sa supériorité intellectuelle, scientifique et morale.

Si le combattant reconnaît en lui l'homme capable de le conduire sûrement partout, suffisamment compétent pour remplir toutes les missions qui lui sont confiées; s'il le sait assez habile pour le sortir au mieux de toutes les situations possibles; s'il le voit ferme, énergique selon les nécessités, mais prudent et ménager de la vie de ses hommes, il le jugera digne et il aura confiance en lui. Il le suivra alors sans arrière-pensée, il obéira aveuglément à son commandement, car il aura la certitude de ne pas être exposé inutilement.

Cette confiance absolue en son chef augmentera considérablement le degré de sa force morale.

L'incapacité notoire du dirigeant, au contraire, entraînera rapidement la démoralisation de la troupe. L'incompétence sera toujours reconnue. Le combattant s'aperçoit vite des hésitations et des erreurs de celui qui le dirige. Du simple caporal en patrouille au général qui engage une division, à quelque degré de la hiérarchie militaire qu'il appartienne, si le gradé commet une faute portant à conséquence, elle ne passera jamais inaperçue, ne fût-ce que par ses effets désastreux. Elle sera discutée, commentée. La considération de celui qui l'a commise en sera ou ébranlée ou perdue. Si une faute ultérieure vient s'ajouter à la première, non seulement le soldat perdra toute confiance, mais il suivra dorénavant de mauvais gré le chef reconnu incapable. S'il est contraint de le faire, l'esprit de révolte germera en lui, et s'il ne peut s'y soustraire il cherchera à se débarrasser de celui qu'il croit être un danger pour son existence. Le motif en sera non l'esprit de vengeance, mais l'instinct de conservation propre à tout homme et qui n'admet pas que la vie puisse être sacrifiée inconsidérément.

Un bon soldat n'hésitera jamais à marcher à la mort quand il saura faire œuvre utile; il s'y refusera quand il n'aura pas la certitude que son sacrifice a sa nécessité. Il se fera tuer sous le commandement d'un chef qu'il respecte et qu'il juge compétent, mais il essayera de se soustraire s'il est guidé par un supérieur qu'il sait manifestement incapable.

Sans la confiance absolue dans ses dirigeants, le combattant ne pourra jamais lutter avec enthousiasme, car il n'aura pas la certitude que son courage, sa bravoure, son héroïsme, son dévouement, son sacrifice même, seront utilement employés.

L'appréciation qu'a le soldat de la compétence de ses chefs est donc d'une importance capitale pour le maintien de sa force morale.

### 2° ESPRIT DE JUSTICE.

La droiture, l'équité, l'impartialité, l'esprit de justice sont des qualités essentielles que doit posséder tout gradé. Si le soldat trouve dans son chef un homme intègre, d'un caractère droit et juste, s'il a pu se convaincre en de multiples circonstances que ces sentiments sont réels, sa confiance en lui sera pour ainsi dire réflexe, elle deviendra absolue. Même si une mesure prise à son égard lui semble anormale, il l'acceptera sans murmure, car il a l'assurance qu'en exposant ultérieurement ses revendications, il trouvera toujours auprès de son supérieur la rectification de ce qui a pu momentanément le léser. Cette certitude sera pour lui un appui moral très grand.

L'esprit de justice et la confiance qu'il inspire sont des bases qui étayent solidement la force morale du soldat. Elles lui donnent le respect de l'autorité et de la personnalité de ses supérieurs. Le chef dont le caractère est droit et juste s'impose rapidement à ses hommes. C'est la qualité la plus indispensable pour tout éducateur et tout conducteur d'hommes.

Si le gradé est injuste, le soldat se sentira blessé dans sa dignité personnelle. Si l'injustice se reproduit, il deviendra aigri, méprisera celui qui l'a lésé, puis il le haïra. De là à la révolte ou au désir de vengeance il n'y aura qu'un pas. La haine étouffera en lui la voix de la conscience, elle primera sur ses autres sentiments. Quand le soldat, par des faits répétés, aura la conviction formelle que son supérieur a été injuste à son égard, il cherchera à se venger de lui. Sa réaction ira du simple sabotage à la révolte ouverte. Les conséquences nuisibles pour l'intérêt général pourront en résulter.

L'injustice, par la réaction qu'elle provoque, a souvent conduit devant les conseils de guerre pour cause d'indiscipline des hommes primitivement bons et qui, avec un supérieur droit et juste, seraient toujours restés de loyaux et de braves soldats.

Certains chefs n'ont pas toujours conscience des effets démoralisants produits sur l'homme par une punition injustement donnée ou sans motif suffisant. Le soldat, dans ce cas, perd courage, une sourde rancœur s'amasse en lui et il en vient à haïr non seulement le chef qui l'a injustement puni, mais aussi l'organisation même de l'armée qu'il considère comme une institution défectueuse et dans laquelle, lui semble-t-il, il ne peut avoir confiance pour obtenir le respect de ses droits. Beaucoup de cas d'indiscipline, de révolte, de désertion trouvent leur origine dans l'attribution de punitions imméritées.

La sévérité, quand elle est juste, n'entraîne jamais de troubles; l'injustice, au contraire, pousse à la révolte, suscite la rancune, la haine et conduit tout droit au désir de vengeance.

Le gradé injuste n'obtiendra jamais rien de ses hommes. Ce défaut chez lui supprimera en eux toute initiative, tout désir de bien faire; il paralysera leur courage et annihilera l'action bienfaisante de leurs sentiments nobles. Avec un chef semblable, ils comprennent qu'ils ne seront jamais en droit d'espérer la récompense méritée.

L'injustice constatée, même quand elle n'atteint qu'un seul individu, aura toujours sa répercussion morale sur la généralité des soldats. Ceux qui n'en seront pas victimes en souffriront quand même indirectement. Il existe dans la masse une solidarité commune qui, par instinct, se défend dans l'ensemble. Elle dérive du fait que l'injustice qui frappe l'un aujourd'hui pourra atteindre l'autre demain.

La *partialité* du chef est une autre forme d'injustice. Elle se traduit généralement par le *favoritisme*.

L'égalité devant la loi est une garantie donnée par toute nation civilisée à ses concitoyens. C'est sur elle qu'est basée la confiance de chacun pour le respect de ses droits. Elle doit trouver son application partout, en tous lieux et en tous temps. Tout ce qui y contrevient est injuste et fautif.

En pratiquant le favoritisme, tout dirigeant empiète sur ce droit de chacun, il enfreint les garanties constitutionnelles, et, par ce fait, pousse au découragement ceux qui sont lésés.

Le soldat a conscience qu'en temps de guerre chacun est appelé à faire tout son devoir. Il sait que les mêmes charges existent pour tous et que chaque citoyen doit s'y soumettre. Il accepte celles-ci de plein gré si tout le monde, à ses côtés, est astreint aux mêmes obligations.

S'il constate, au contraire, qu'il en est d'irrégulièrement exemptés, l'imposition lui devient pénible. Il se refuse alors ou cherche à se soustraire.

L'homme est ainsi fait. Deux sentiments l'amènent à cette réaction. L'un personnel, l'égoïsme, lui fait refuser la peine qui n'échoit pas à autrui. Le second est le sentiment de révolte provoqué par l'injustice.

Les formes sous lesquelles le favoritisme procède le plus habituellement à la guerre sont l'embusquage et la mauvaise répartition des distinctions honorifiques.

L'*embusquage*, c'est-à-dire l'attribution à ceux qui n'y ont régulièrement aucun droit des places de tout repos, bien à l'écart du danger et le plus souvent rétribuées largement, est une cause de démoralisation dans l'armée. Elle enlève souvent au combattant le courage de faire tout son devoir. Il n'admet pas que, pendant qu'il expose sa vie, subissant de multiples privations et rétribué seulement de quelques centimes par jour, l'embusqué, à l'arrière, jouisse d'une existence facile, gagne dans les ateliers des sommes parfois exagérées et se trouve certain, après la guerre, de rentrer indemne au foyer familial. Ces différences le choquent, le révoltent et le démoralisent; elles aigrissent le soldat des tranchées. Des causes de dissensions, de querelles intestines peuvent en résulter. C'est malheureusement une des plaies dont souffre l'armée; elle résulte des imperfections mêmes de l'homme.

Une autre forme de l'embusquage, beaucoup plus grave et portant à conséquence pour la défense du pays, est la *réforme* sans motif réel. Celle-ci devient non seulement une action malhonnête, mais un véritable crime contre la nation. Le soldat qui constate une ignominie semblable perd le courage de se dévouer, de se sacrifier, quand il se rend compte qu'il doit le faire pour d'autres qui se retirent injustement et impunément de la lutte. Il perd aussi confiance dans la direction générale, car il impute cette faute à la négligence coupable des hauts dirigeants.

*Récompenses honorifiques.* — Dans une organisation parfaite, les récompenses pour le mérite, l'attribution des distinctions honorifiques doivent être régies par des règlements ne se prêtant à aucune imperfection. S'il en est autrement, leur mauvaise répartition démoralise toujours le soldat.

L'honneur, la fierté et l'amour-propre sont les sentiments

auxquels le combattant est le plus sensible. Si son courage est exalté par une distinction qui démontre son héroïsme aux yeux de tous, il voit cette récompense perdre de sa valeur réelle quand, à côté de lui, on octroie la même distinction à ceux qui ne l'ont point méritée. Il se sent alors lésé et il refuse souvent par après de payer encore de son sang une décoration que d'autres possèdent par le seul avantage d'être privilégiés.

Si le soldat souffre déjà par une répartition abusive des distinctions honorifiques, que deviendra sa mentalité si, après avoir fait preuve d'héroïsme dans une action d'éclat, il se voit spolié par l'injustice de son chef? La réaction qui suivra sera la révolte souvent sourde, latente, cachée sous le masque de l'impassibilité, mais le germe mauvais n'en couvera pas moins en lui. Si cet homme n'a pas à son actif des qualités morales exceptionnelles qui lui feront surmonter son dépit, si, par patriotisme, il ne met pas l'amour de son pays au-dessus du tort causé par l'injustice à sa propre personne, son esprit de dévouement et de sacrifice sera définitivement perdu.

Le favoritisme doit donc être formellement écarté de l'armée. Outre qu'il est une injustice flagrante, il crée toujours des rancunes et des haines vivaces, entraînant à la révolte et déprimant considérablement le moral du soldat.

× ×

Au chapitre traitant de l'injustice, nous devons rattacher l'étude d'autres causes de dépression, provoquées inconsciemment, mais qui n'en ont pas moins une répercussion funeste sur le moral du soldat.

*Mesures générales pouvant donner lieu à interprétations particulières dans leurs applications.* — Le manque de clarté dans les ordres donnés, l'imprécision dans les mesures édictées, pouvant permettre à chaque chef de les interpréter particulièrement d'après son propre jugement, sont des imperfections susceptibles d'affaiblir le moral du soldat.

L'application différente de mesures identiques dans les mêmes unités entraînera toujours des anomalies de par les décisions dissemblables. La conséquence fatale sera la réaction de la part des moins favorisés.

Cela ne peut exister à l'armée, et moins encore lorsque celle-ci se trouve en campagne.

L'amour-propre de tout homme, et surtout celui du soldat, revendique toujours le droit d'égalité. Si des mesures privées favorisent ses camarades, alors qu'il se trouve exactement dans les mêmes conditions, il en éprouvera du dépit et son moral en souffrira. Même, si par après ces avantages lui sont accordés, le contre-coup de l'injustice primitive continuera à se faire sentir et il restera aigri sous le masque placide de la passivité.

Tous ceux qui observent ont pu constater cette influence néfaste des règlements appliqués différemment dans des conditions semblables et mettant en parallèle, dans la suite, des situations qui contrastent alors qu'elles auraient dû toujours rester identiques.

Ces cas ont été malheureusement trop fréquents à l'armée belge durant la dernière guerre. Comme exemple, entre beaucoup, n'avons-nous pas vu, par interprétation particulière d'une même dépêche ministérielle, des généraux refuser les chevrons du front à certaines de leurs unités, alors que leurs collègues des autres divisions les attribuaient aux mêmes troupes combattantes! Plus fort encore, n'y eut-il pas, en 1916, des chefs de corps qui, sous le prétexte insensé qu'ils n'étaient pas des combattants, commirent l'aberration de refuser ces mêmes chevrons aux médecins, aux vétérinaires et aux aumôniers, alors qu'ils les accordaient à tous les autres officiers du même régiment!

De semblables mesures dérivent, ou de l'incompétence de chefs incapables de rédiger une formule précise, ou, ce qui est plus grave, d'individus amoraux, dont le seul but, en rédigeant un ordre équivoque, est de se créer une porte de sortie dans toutes les circonstances quelconques. Dans les deux cas, le résultat est le même : l'anomalie a engendré chez la victime la haine de celui qui l'aura procréée.

Les ordres qui ne sont pas clairs, précis et formels doivent être proscrits de toute organisation et surtout d'une armée en campagne.

Le contraire donnera toujours prise à la partialité et au favoritisme, c'est-à-dire à l'injustice.

*Faveurs spéciales.* — A la guerre, le soldat sait qu'il doit accomplir tout son devoir vis-à-vis de la patrie en danger. Mais s'il accepte de plein gré toutes les privations et les souffrances de la campagne, il juge aussi que les rétributions, les récompenses et les faveurs accordées doivent être identiques pour tous. Les mesures qui, par des avantages spéciaux, accordés indûment à certains, le mettent en infériorité vis-à-vis de ceux-ci, lui deviennent pénibles. Le soldat est très sensible aux différences qui le privent, et son moral en est toujours atteint.

Ici encore, les exemples de cette anomalie furent nombreux durant la dernière guerre. N'a-t-on point vu, à grade égal et dans les mêmes conditions de rendement, les officiers de l'active être favorisés largement dans leurs traitements! L'octroi des décorations n'a pas toujours été exempt de toute critique. Ces injustices, funestes en tous temps, le sont davantage encore quand la troupe se trouve vis-à-vis de l'ennemi. Elles ne peuvent, en aucun cas, exister sans justification préalable.

Quand un chef se décide à accorder une faveur spéciale, il doit exposer à ses subordonnés les motifs qui déterminent la décision qu'il prend. Il fera ainsi respecter sa justice en la faisant comprendre.

*Abus d'autorité.* — L'abus d'autorité du chef est aussi une autre forme d'injustice. Le gradé qui outrepasse ses droits empiète toujours sur ceux de l'intéressé au détriment duquel il agit. Cette façon de faire entraîne à la réaction et est nuisible au maintien du respect et de la bonne discipline. Elle doit être proscrite et réprimée par les chefs.

Le gradé doit toujours se maintenir dans les seuls droits que lui confère son grade.

### 3° RESPECT DE LA PERSONNALITÉ DU SOLDAT.

Dans l'évolution sociale actuelle, le mobilisé est un citoyen libre, et tout citoyen, même à l'armée, a des droits reconnus par la nation. Le respect de sa dignité personnelle en est un, inviolable tant qu'il en reste digne. Il en a conscience et se sent blessé dans son amour-propre quand on l'outrage sur ce point.

Si le soldat constate que son supérieur le respecte, il aura pour lui de l'estime et il en viendra rapidement à l'aimer.

S'il se rend compte, au contraire, que son chef ne voit en lui qu'une chose passive dont il peut se servir sans égard, il sera froissé dans son amour-propre et il en souffrira moralement. Il rendra alors à celui qui le traite ainsi le même manque de considération et, à son tour, ne le respectera plus. De là à l'indiscipline il n'y aura pas loin. L'union entre le chef et ses soldats deviendra nulle, l'absence de cohésion existera dans la troupe, la force morale de l'unité et sa puissance combative seront beaucoup moins grandes.

Le chef doit toujours avoir le tact nécessaire. Il doit se rendre compte qu'il commande à des hommes conscients et avoir pour ses subordonnés les égards qui sont dus à tout homme. Quelle que soit sa condition sociale, quelle que soit sa situation antérieure, la personnalité du soldat doit être respectée par le gradé. L'esprit de caste doit disparaître à tout jamais de l'armée.

#### 4° BONTÉ, SOLLICITUDE ENVERS SES SOLDATS.

Si, à la compétence, à la droiture, à l'impartialité, au tact nécessaire, le gradé ajoute les qualités de bonté et de sollicitude envers ses soldats, il deviendra tout-puissant sur ses hommes. Ceux-ci le payeront en retour d'affection, et la troupe formera une famille unie par les liens les plus indissolubles.

Cette bonté du chef doit être celle du père qui aime sincèrement ses enfants, qui ne veut que leur bien, qui sait être indulgente mais ferme aussi quand la nécessité l'exige; celle qui scrute le caractère de chacun d'eux pour en trouver les points faibles et les corriger; celle qui protège, qui réconforte et qui sait consoler. Elle doit être communicative; le soldat doit la percevoir et être conquis par elle.

Les occasions ne manqueront pas au chef de témoigner sa sollicitude et de montrer de la bienveillance à ses hommes. Il doit rechercher, saisir, ne jamais laisser échapper les circonstances où il pourra leur prouver son attachement. Il ira droit ainsi au cœur de ses subordonnés et suscitera, en réciprocité de leur part, un sentiment d'affection. Le soldat qui se sera rendu compte de la bonté de son chef lui sera toujours profondément attaché. A l'occasion, il saura se souvenir et lui rendre largement, par sa conduite et son dévouement, tout ce qu'il aura fait pour lui.

L'âme est le moteur de l'être humain. L'homme peut vibrer par bien des cordes sensibles. Nombre de petites choses pourront, sans qu'il en coûte beaucoup au gradé, lui permettre de prouver à ses subordonnés qu'il les aime réellement.

Le soldat qui, dans les installations, au cantonnement, à la tranchée, voit son chef plus préoccupé de ses hommes que de sa propre personne, s'assurant de leur bien-être avant de songer au sien, comprendra qu'il a en lui un soutien, en qui il trouvera toujours aide et protection. Il l'aimera, sera dévoué et prêt pour lui à tous les sacrifices. Le chef pourra alors tout demander, rien ne lui sera refusé; le soldat le suivra partout où il voudra le conduire, il donnera plutôt sa vie que de l'abandonner. L'ensemble de la troupe vivra comme une grande famille où la maxime : « Un pour tous, tous pour un » sera toujours suivie. La force de cohésion entre tous les éléments sera portée au maximum et l'énergie morale de l'unité ne faiblira jamais.

### 5° INDIFFÉRENCE, BRUTALITÉ.

Lorsque, au contraire, le chef n'aura pas d'affection pour ses hommes, il en arrivera très rapidement à l'indifférence. Il n'aura plus alors le respect de la personnalité du soldat, il considérera celui-ci comme une simple machine dont il doit faire fonctionner les rouages pour obtenir un certain rendement. Conséquemment, il n'aura plus de retenue vis-à-vis de lui et le brutalisera quand il ne marchera pas à son gré.

Le chef indifférent pour ses soldats provoque la réciprocité de leur part. L'homme ainsi traité n'acceptera jamais l'outrage. Il pourra, d'apparence, paraître passif, mais il réagira toujours intérieurement. S'il n'arrive pas, par crainte, à la révolte ouverte, celle-ci sera latente en lui et couvera sournoisement jusqu'au jour où elle éclatera, directe ou insidieuse, mais produisant de toutes façons ses effets désastreux.

Le soldat brutalisé sera toujours découragé; il ne possédera jamais une force morale solide. Le plus souvent, il ne marchera que contraint; jamais son chef n'obtiendra de lui ni spontanéité, ni dévouement et moins encore l'esprit de sacrifice.

Le chef doit répudier la violence, il doit traiter ses hommes avec aménité. Quelle que soit la gravité du cas, il ne peut jamais s'emporter. Les écarts de langage, les éclats de voix, les expressions grossières, les épithètes injurieuses, et, plus encore, les mots orduriers, doivent être bannis de la bouche de celui qui commande. Ils avilissent toujours, dégradent et ravalent dans l'estime de ses hommes celui qui les emploie. Ils froissent, ils blessent le subordonné dans son amour-propre, dans sa dignité personnelle, et l'incitent à la révolte. Nous avons vu des soldats bons et courageux conserver une haine implacable contre des officiers qui les avaient injustement insultés. L'un d'eux, que nous connaissions comme des plus dévoués et des plus méritants, voulait, un jour, tuer son lieutenant parce que celui-ci l'avait maltraité à tort du mot de « fainéant ».

En insultant l'homme, le chef commet, en outre, une lâcheté, car il sait qu'il s'adresse à quelqu'un qui n'aura pas le droit de répondre et de se venger de l'outrage.

Celui qui commande doit toujours rester calme, sans nervosité, sans impatience, correct, décidé et absolument maître de lui. Il doit savoir se dominer en tous temps, en toutes circonstances.

En s'emportant vis-à-vis d'un soldat fautif, il perd tous ses moyens d'action. La colère est toujours mauvaise conseillère. Un chef aura fatalement à se repentir de sa violence, jamais de sa douceur. Justice envers chacun, bonté envers tous doivent être deux de ses qualités essentielles. La sévérité draconnienne, le rigorisme implacable sans indulgence aucune, répugnent à l'homme et le révoltent. C'est par la bonne parole qu'on obtient tout de lui; celle-ci fait parfois tant de bien.

La brutalité est toujours nuisible, elle n'aboutit qu'à briser les bonnes dispositions de l'homme; elle donne au soldat le mépris de celui qui ne témoigne aucune considération pour sa personne.

L'observation des faits démontre qu'il en est réellement ainsi. Ce n'est pas dans les unités où les gradés sont les plus inflexibles, où l'on ne connaît que la consigne sévère, où l'homme est rudoyé, où la règle permanente est de toujours sévir, que l'on constate le moral le plus parfait. Ce n'est pas là non plus que l'on trouve les meilleures troupes combattantes; la démonstration en a souvent été faite vis-à-vis de l'ennemi.

L'indifférence fait parfois plus de mal encore que la brutalité, car elle jette un certain mépris ou, tout au moins un manque de considération qui blesse violemment l'amour-propre du soldat. Elle paralyse, en outre, tout son esprit de dévouement.

Au lieu de ne manifester aucun égard pour ses subordonnés, il est si facile pour l'officier de se montrer bienveillant pour ses hommes, de leur donner la bonne parole d'encouragement. L'indifférence, le manque de considération lui sont, dans certains cas, si pénibles. Il nous souvient : un sous-officier rentrait avec ses hommes d'une mission dangereuse, vaillamment accomplie et où ils s'étaient donnés de corps et d'âme. Ils avaient réussi et la joie du devoir accompli se reflétait sur leurs traits. A leur retour, l'officier, impassible, écouta leur rapport, critiqua un détail insignifiant d'exécution et partit brusquement sans une parole d'encouragement, sans un seul mot bienveillant à l'égard de ces braves. Ceux-ci restèrent stupéfaits, comme pétrifiés. Des larmes perlèrent aux yeux de plusieurs d'entre eux et, tandis que, en silence, ils s'éloignaient, nous entendîmes ces mots de l'un d'eux qui frappèrent en plein cœur tous les témoins de la scène : « On a beau faire, jamais nous n'aurons une bonne parole. » Un tel chef est indigne de commander à des hommes; il ne peut qu'aboutir à démoraliser même ses meilleurs soldats.

### 6° FERMETÉ DE CARACTÈRE.

Si la bonté du chef vis-à-vis de ses hommes affermit et augmente toujours la force morale du soldat, elle ne doit pas aller, cependant, jusqu'aux défauts qui peuvent en dériver : la faiblesse de caractère et l'indulgence coupable. Celles-ci, au contraire, dissolvent l'énergie morale de la troupe et prêtent au relâchement.

Le chef est l'âme vitale de l'unité. S'il est mou de caractère, indolent, sa troupe sera aussi sans grande valeur combative. Celui qui a l'honneur de commander doit être ferme, viril, énergique en toutes circonstances. Au courage inébranlable, à la ténacité indomptable, il devra joindre également le dévouement, l'abnégation, l'esprit de sacrifice. Rien ne peut l'ébranler, ni les difficultés qui surgissent, ni les obstacles qui se dressent, ni le danger qui menace, ni la mort qui le guette. Il doit pouvoir envisager avec calme toutes les situations qui se présentent et les réaliser. Il ne doit jamais désespérer d'atteindre le but qui lui a été assigné.

Quand le soldat se sera rendu compte qu'un tel chef le conduit, il l'estimera, aura confiance et sa valeur morale en sera considérablement augmentée.

Fermeté et bienveillance sont deux qualités essentielles du commandement. L'art du gradé est de savoir les associer sans tomber dans les défauts qui leur sont inhérents.

### 7° EXEMPLE.

L'exemple du gradé est un des facteurs les plus puissants pour maintenir le moral du combattant et développer en lui les qualités essentielles que doit posséder le soldat en campagne. C'est un des moyens d'action les plus efficaces que possède un supérieur pour agir sur ses subordonnés. L'exemple a d'autant plus d'influence qu'il est donné de plus haut.

L'homme voit, observe, analyse la façon de faire de son supérieur. Presque toujours, instinctivement, il examine le genre de vie de ses officiers et règle sa conduite sur la leur. Si le chef se plaint, critique, le soldat fera comme lui et finira par se démoraliser. Le mauvais exemple est toujours contagieux. Le subordonné se croira le droit d'imiter tout ce qu'il voit faire par son supérieur, même s'il sait pertinemment bien qu'il commet une faute.

Si, au contraire, dans les moments difficiles, le chef conserve tout son calme, reste fort, se montre insensible aux privations, à la fatigue, s'il ne recule devant aucun danger, il infusera son énergie à ses hommes, leur moral restera bon et ils iront jusqu'au bout sans la moindre défaillance.

Noblesse oblige. La mission d'éducateur et de conducteur d'hommes impose au gradé des obligations pour sa personne. Il les remplira en montrant l'exemple à ses subordonnés. Quand ceux-ci observeront que les privations dont ils souffrent sont partagées par leurs supérieurs, quand ils verront leurs officiers respecter eux-mêmes les impositions auxquelles ils astreignent le soldat, quand ils se rendront compte que la discipline ne s'applique pas exclusivement à eux, mais est pratiquée en tout premier lieu par les chefs, ils comprendront que la règle est commune et édictée par les nécessités. Ils l'accepteront et s'y soumettront de plein gré. Le soldat acquiert en partie la conscience de son devoir par l'exemple de ses chefs.

Le gradé donnera l'exemple tant dans sa conduite privée que par la façon de se comporter vis-à-vis de l'ennemi. Son existence doit être tout entière d'honneur et de dignité. Au point de vue moral, il sera le soldat le plus parfait de sa troupe. Au cantonnement, il devra toujours s'observer. Sa vie doit être régulière, ponctuelle, exempte de tout reproche.

Au point de vue matériel, il doit s'imposer ce qu'il exige de ses hommes. Il s'efforcera surtout de ne pas étaler au grand jour les différences qui, forcément, existent entre lui et ses subordonnés. Les prodigalités de certains mess, les tables trop surabondamment chargées, ne sont point des exemples heureux pour démontrer et faire admettre au simple soldat le rationnement qu'il subit parfois dans l'intérêt commun. Dans sa tenue, il ne peut y avoir aucun laisser-aller, il doit respecter la dignité de son grade.

Sa conduite privée devra toujours rester digne; il s'abstiendra de montrer le mauvais exemple en enfreignant les défenses édictées. Le chef qui impose la discipline doit commencer par la respecter personnellement; c'est son premier devoir. Ses fréquentations devront être choisies, exemptes de tout reproche. Il s'abstiendra de courir les cabarets et plus encore de se livrer à la boisson. En un mot, il devra, en tout temps et partout, rester à la hauteur morale de la situation qu'il occupe.

En temps de guerre, le chef est continuellement au contact de ses hommes. Son existence privée sera connue et appréciée par eux; il ne peut donc se méconduire. Toute dérogation, quelle qu'elle soit, diminuera son prestige et son ascendant; cette dépréciation aura une répercussion néfaste sur le moral de ses hommes.

Le chef devra donc s'étudier personnellement, trouver les défauts inhérents à sa nature, à son tempérament, à son caractère et chercher à les corriger.

Mais c'est surtout devant l'ennemi, partout où le danger existe, que l'officier devra montrer l'exemple.

Au combat, le soldat fait confiance à celui qui le dirige; il a constamment l'œil fixé sur celui qui le commande; il sent l'impérieuse nécessité d'être guidé et d'obéir aveuglément aux ordres donnés.

Le chef, en ce moment, dispose de toute l'énergie morale de ses hommes; il doit savoir la porter à son summum. C'est de sa conduite que dérivera celle de ses subordonnés. S'il est brave, calme, maître de toutes ses réactions, payant de sa personne, il infusera sa force à ceux qui sont derrière lui. Le soldat est galvanisé par la bravoure du gradé. Quand son officier montrera de l'audace, il saura rivaliser de courage; quand son supérieur saura se sacrifier, il tombera avec lui. On n'observe guère de signes de faiblesse dans une troupe commandée par quelqu'un d'intrépide.

Comme effet moral, la bravoure du chef prédominera et saura même racheter certains de ses défauts. Il pourra être dur pour ses hommes, ils accepteront s'ils constatent en lui un guerrier consommé, se montrant au combat le plus brave de tous. Malgré ses imperfections, ils auront pour lui de la considération et du respect.

Si, au contraire, le chef est peu courageux, son unité ne fera rien de bon; elle perdra rapidement sa valeur combative. Le gradé qui tremble devant l'ennemi perd toute considération. C'est de tous les défauts celui que le soldat peut le moins accepter. Il passera sur bien des imperfections, mais il ne tolérera jamais la lâcheté de celui qui le guide. Celle-ci démoralise toujours le combattant. Elle peut avoir des conséquences désastreuses en faisant abandonner le terrain à une troupe qui, avec un chef courageux, aurait tenu jusqu'au bout.

Le bon exemple du gradé, au contact de l'ennemi, donnera à la troupe qu'il commande une force morale équivalente à sa puissance d'action matérielle. En tous temps et en toutes circonstances, une maxime devra être présente à la mémoire du chef : « Pour être digne de commander, il faut toujours être digne d'être suivi. »

## 8° ASCENDANT.

Les différentes qualités que nous venons d'étudier donnent au gradé l'ascendant sur ses hommes. Le vrai chef, pour le soldat, n'est pas celui qui en impose par ses galons, mais bien celui qu'il reconnaît digne de l'emploi qu'il occupe. Moralement, les insignes ne confèrent pas la supériorité; l'ascendant seul lui donne cette qualité. Il crée autour de lui une ambiance d'imposition morale qui porte au respect, subjugue et galvanise le soldat. La confiance qu'il impose procure au combattant une force morale puissante.

L'ascendant de l'officier sur son subordonné est un sentiment naturel. Dans sa conception, le soldat se représente le gradé comme devant lui être supérieur à tous les points de vue : scientifique, intellectuel et moral. Plus ce gradé est haut placé, plus logiquement il le considère comme devant posséder ces qualités à leur summum.

Cet ascendant ne s'impose jamais par la force; le soldat le reconnaît et l'admet de lui-même. Pour l'obtenir, l'officier doit savoir le conquérir par ses qualités, par ses vertus militaires; il doit s'en montrer digne. Armé de cette force il sera alors tout-puissant sur ses hommes.

Le chef doit non seulement s'efforcer de conserver intact l'ascendant qu'il possède, mais il doit éviter d'amoindrir celui de ses collègues ou de ses gradés subalternes. Jamais il ne doit médire d'eux, jamais il ne doit les réprimander en présence de la troupe. Il doit en être ainsi par principe, car il ne faut en aucune circonstance enlever au soldat la considération qu'il possède pour ceux qui sont ses supérieurs.

### 9° ANOMALIES DE CARACTÈRE CHEZ CERTAINS OFFICIERS.

Nul n'est parfait en ce monde. Dans une association aussi nombreuse que l'armée, il est, à plus forte raison, impossible de trouver cette perfection absolue chez tous les membres qui la composent. Malgré l'éducation, l'élévation morale, qui devraient être le propre de tout officier, nous trouverons chez certains de ceux-ci une série d'anomalies de caractère. Nous devons les examiner succinctement.

*Ambition.* — Certains chefs ambitieux se croient d'une essence supérieure au soldat. Ils cherchent à provoquer autour d'eux l'admiration de leur personne. Leur préoccupation constante est de briller, de parader, de montrer qu'ils sont des supérieurs et qu'ils ont du pouvoir. Ils étaleront leur savoir avec ostentation et chercheront à prodiguer devant tous la preuve de leurs capacités.

Si l'anomalie n'est pas poussée trop loin, elle reste inoffensive, à la condition que d'autres qualités viennent atténuer et compenser moralement la dépréciation créée par le défaut précédent.

*Recherche de la popularité.* — Une autre tare dérivant aussi de l'ambition, mais dictée par l'égoïsme, est la recherche de la popularité. Dans ce cas, le chef se mêle à la troupe, fraye avec ses subordonnés, affecte des airs de bonhomie et a pour but unique, dans toutes ses manœuvres, de se faire passer pour un véritable ami du soldat. Pour montrer à ses hommes qu'il s'intéresse à eux plus particulièrement que tout autre, il n'hésitera pas, si son anomalie est poussée à l'excès, à déblatérer ses collègues, et, en cas de conflit, à sembler pren-

dre parti contre eux. Mais il agira à leur insu, hypocritement.
Il deviendra alors un être grandement nuisible à l'intérêt général.

*Infatuation.* — Si l'ambition du gradé arrive à l'infatuation, il affectera alors une morgue hautaine, prendra des at-
titudes recherchées. Son regard deviendra arrogant, il in-
terpellera rudement ses soldats, les tiendra à distance, les
considérera comme des êtres sans valeur et au contact desquels il abaisserait son prestige. Il deviendra susceptible, ne
supportant pas la moindre contradiction. Ses ordres seront
durs et tranchants, il recherchera les éclats de voix, les ré-
primandes en public qui attireront l'attention sur lui et ma-
nifesteront sa puissance. A chaque occasion, il ne manquera
jamais de punir.

Cette anomalie ne tarde pas à briser tout, la bonne volonté,
le dévouement, l'esprit d'initiative du soldat. Par suite du
manque d'égard, les hommes soumis à un tel chef se découragent rapidement, deviennent aigris, défiants et finissent par
l'exécrer.

L'infatué est presque toujours un dépourvu de sens moral.

*Chefs tracassiers.* — Certains chefs n'ont pas d'empire sur
eux-mêmes. Ils se laissent impressionner par leurs propres
misères et font retomber sur leurs inférieurs toute la mauvaise
humeur résultant de leurs ennuis personnels. D'autres sont
mauvais par essence même et éprouvent une jouissance de
sadique en ennuyant leur monde.

Ces anormaux sont des lâches, car ils se livrent à leur plaisir malsain contre des subordonnés qu'ils savent ne guère
posséder de moyens de défense contre leur autorité. Ils devraient être brisés impitoyablement par leurs supérieurs, car
ils sont les principales causes de révolte du soldat. Ils conduisent celui-ci à la haine de l'armée, aux idées réactionnai-
res, à l'antimilitarisme.

*Erreurs de jugement sur les pouvoirs attribués aux chefs.*
— La mentalité de certains chefs sur le droit de sévir est
parfois anormale. Ils croient que, pour obtenir la soumission

des soldats, il faut le mater, le faire ployer de force et l'abaisser moralement. En conséquence, ils essayent d'affermir leur autorité en la démontrant par le pouvoir de punir. Ils deviennent alors de véritables distributeurs automatiques de punitions. Ils en arrivent rapidement et exclusivement à l'application de la discipline coercitive. Cette erreur de jugement est beaucoup plus répandue qu'on ne pourrait le croire. Elle aigrit fatalement le subordonné contre son supérieur, conduit à la rancune et finalement aboutit à la révolte.

Un cas de beaucoup plus grave, mais relativement plus rare, est celui du *zèle intempestif*. Il se constate surtout chez le gradé subalterne, voulant démontrer son activité en fournissant régulièrement à son supérieur un état de punitions bien chargé. Un être tel est à l'affût de tout ce qui peut lui donner l'occasion de punir. Si son aberration est grande, il ira même jusqu'à rechercher cette possibilité de sévir. Cette mentalité, heureusement assez rare, est presque toujours corrigée par les supérieurs directs. En campagne, le fait d'être au contact de l'ennemi adoucit presque toujours les dispositions singulières de ces anormaux, car ils comprennent rapidement que bien des situations sans issue se règlent souvent incognito au cours d'une bataille. Bien des gradés de ce genre ont payé de leur vie, par une mort honteuse, frappés par les balles de leurs propres soldats, toutes les souffrances qu'ils leur avaient fait endurer quand ils se croyaient certains de l'impunité. Possible en temps de paix de par l'intangibilité du grade, ce mal trouve à la guerre sa correction spontanée. Quand, malgré tout, le mal persiste, les supérieurs auront à briser ces mentalités anormales, car elles démoralisent complètement le soldat et deviennent toujours une cause de trouble au sein de l'unité.

Le droit de punir est une arme bien dangereuse et parfois bien nuisible dans des mains maladroites, inexpérimentées ou franchement malveillantes.

*Crainte du supérieur. Manque d'initiative. Ouverture du parapluie.* — Certains gradés ont parfois le désir de bien faire, mais ils n'ont pas la franchise d'exécution complète. Ils voudraient le bien du service, mais sont préoccupés, avant tout, de ne pas se créer d'ennuis personnels, de ne pas avoir d'affaires avec leurs supérieurs. Ils éluderont alors toutes les responsabilités et n'oseront jamais risquer une initiative spontanée. L'intérêt sera leur seul guide, leur but unique plaire à leurs supérieurs, leur seule visée l'avancement possible. Jamais ils ne risqueront une chose pouvant contrecarrer la régularité de leur carrière.

Ils en arrivent rapidement à la crainte du supérieur. Leur but constant sera de dégager leur responsabilité pour éviter tous les ennuis. Ils seront même souvent sans scrupules; peu leur importera le mal qui devra retomber sur les autres, pourvu qu'ils soient eux-mêmes à couvert. Ce sont ceux qui, toujours et partout, comme on le dit vulgairement, « ouvrent leur parapluie ». Ces gradés sont de parfaits égoïstes, êtres bien peu intéressants et le plus souvent franchement nuisibles aux intérêts de l'armée.

*Chefs paperassiers.* — Ceux-là ennuient leurs gradés subalternes en les noyant dans un déluge de papiers. La moindre petite chose occasionne tout un dossier, le plus souvent aussi formidable qu'inutile. Ils ne connaissent que l'absolutisme du règlement. L'initiative est pour eux une chose répréhensible.

*Insouciance. Paresse. Recherche du moindre effort.* — D'autres encore, insouciants et paresseux, cherchent à récupérer tous les avantages que peut leur procurer leur emploi, tout en écartant les charges et les ennuis possibles qui pourraient en dériver. La loi du moindre effort, celle du plaisir et de la jouissance facile seront pour eux un idéal et leur seule ligne de conduite. Ces gradés perdront rapidement toute énergie, ils ne s'occuperont guère de leur troupe, et la valeur morale de celle-ci deviendra bientôt nulle.

*Dégoût du métier.* — Ce cas est beaucoup plus fréquent qu'on ne le suppose généralement. Ce sont malheureusement, le plus souvent, les sujets primitivement les meilleurs qui l'éprouvent.

Ce dégoût du métier provient presque toujours du freinage de l'initiative, de l'évincement, des incorrections, des injustices dont ils peuvent avoir été victimes; parfois aussi, du manque de reconnaissance, voire même de considération, pour ce qu'ils ont produit.

Ces sujets d'élite deviennent alors désemparés. L'âme aux sentiments nobles peut en arriver là. Ces gradés continueront quand même encore à faire tout leur devoir, mais leur enthousiasme sera définitivement brisé. Ils ne seront plus désormais animés du feu sacré ou du désir d'atteindre l'idéal rêvé. L'initiative sera définitivement abolie chez eux; ils ne chercheront plus dans la suite à produire encore dans l'intérêt même de l'armée.

### II. — Capacité d'action des moyens matériels.

A l'assurance donnée par la confiance mutuelle, par la force de cohésion, par la qualité des chefs, le soldat doit pouvoir ajouter la certitude que les moyens d'action matériels, dont il dispose dans la lutte, sont suffisants pour combattre l'ennemi. Sa foi dans le triomphe final deviendra alors absolue, car son moral sera étayé sur des bases inébranlables et certaines.

Au combat, le soldat se rend compte très rapidement de la valeur de ses armes. S'il apprécie qu'il peut lutter à chance égale, il se donnera tout entier. S'il constate, dans ses moyens d'action, une supériorité marquée, son moral sera immédiatement exalté.

Le soldat marche de bon cœur à l'ennemi quand il sent son effort soutenu. Mais il n'est rien de si déprimant pour lui que de se trouver sous le feu de l'adversaire, atteint et décimé, sans avoir la possibilité de réagir par suite de l'insuffisance de son armement. Si cette circonstance n'est que momentanée, cela ne l'influencera pas grandement, mais s'il voit que cette situation dure, s'il se convainc que toujours et partout il est en infériorité, il se démoralisera complètement et perdra tout esprit de dévouement. Il sent alors que les prodiges de valeur qu'il pourrait déployer, que son sacrifice même, ne serviront à rien, puisqu'il n'est pas secondé dans la lutte par des moyens matériels capables d'obtenir la victoire.

Le soldat doit être assuré aussi de ne manquer de rien d'essentiel. Bien nourri et jouissant du maximum relatif de confort, il possèdera toujours un moral plus parfait. Souffrant de privations multiples, il sera beaucoup plus facilement déprimé.

S'il sait que celles-ci dérivent des circonstances de la guerre, il les supportera avec résignation; mais s'il se rend compte qu'elles sont dues à l'incurie des chefs, au manque de soins ou à l'imprévoyance, il en souffrira moralement, et l'indiscipline, la révolte pourront germer en lui.

Si le combattant apprécie que, tout en assurant son bien-être le plus complet, on prend des précautions matérielles pour sauvegarder sa santé; s'il constate que, tout en établissant des moyens de protection contre les engins de mort utilisés par l'ennemi, le service de santé est suffisant pour lui donner rapidement tous les secours nécessaires quand il sera malade ou blessé, ces craintes supplémentaires ne s'ajouteront pas à celles qui sont inhérentes aux dangers mêmes de la bataille.

S'il voit enfin que tous ses chefs, chacun dans leurs compétences et leurs attributions, font leur possible pour lui procurer le maximum de garanties, il aura confiance et restera toujours animé d'une force morale considérablement augmentée.

### III. — Capacité d'action de la masse.

La confiance dans la capacité d'action de la masse engendre la confiance mutuelle; celle-ci exalte alors la force morale du soldat.

#### CONFIANCE MUTUELLE. — FORCE DE COHÉSION.

La force morale d'une institution dérive de la qualité des éléments qui la composent, de la puissance d'attraction qui les réunit, du degré de cohésion qui synthétise les énergies individuelles. La confiance mutuelle est une constituante de cette puissance de cohésion.

Celle-ci est le lien moral qui réunit les hommes d'une même

troupe; elle contribue à former l'agrégat homogénéisant la valeur de l'ensemble. Elle est basée sur la camaraderie qui existe entre tous, sur l'estime réciproque, sur les aspirations communes, l'orientation vers un même idéal, la concentration de toutes les volontés vers un but unique. Elle repose sur la confiance mutuelle en chacun.

C'est une des qualités essentielles que doit posséder toute armée en campagne. La capacité d'action de celle-ci sera la résultante de l'association des forces individuelles. Pour obtenir un maximum de rendement, ces forces doivent agir en harmonie parfaite. La cohésion réalisera cet idéal.

Pour qu'un édifice soit solide, chacune des parties constituantes non seulement doit être placée normalement, mais il faut que les unes soient reliées aux autres par un moyen de cohésion, cimentant le tout pour n'en pas faire qu'un seul bloc compact. Chacun des éléments doit être rendu solidaire des autres.

Il en est de même à l'armée. Une cohésion morale parfaite doit synthétiser les énergies individuelles, chaque homme doit se sentir protégé par l'armature solide de ceux qui sont autour de lui. Chacun doit être certain de tous et tous doivent être certains de chacun. La masse, solidement groupée par ces liens moraux, ne fera plus alors qu'un seul corps, animé d'une seule âme.

Pour en arriver là, le soldat doit avoir eu le temps d'apprécier la valeur de ses chefs et de se rendre compte des qualités morales de ses compagnons d'armes. Les formations improvisées à la hâte n'ont jamais la capacité d'action d'une troupe liée par la force de cohésion. L'expérience a souvent montré qu'il en est bien ainsi. L'assemblage improvisé est toujours fragile. Malgré de solides qualités combatives individuelles, de telles troupes ont souvent été battues par d'autres, inférieures en nombre mais dotées d'une force de cohésion plus puissante.

Avant qu'une troupe soit envoyée à l'ennemi il est nécessaire qu'elle ait toujours pu acquérir cette valeur primordiale de l'appréciation réciproque.

La confiance mutuelle, par l'assurance qu'elle inspire, procure au soldat une énergie inébranlable; en même temps elle affermit, elle stimule, elle exalte son courage, elle pousse aux actes héroïques.

En temps de guerre surtout, il est nécessaire de développer entre tous l'esprit de camaraderie franche, intime et cordiale. Celui-ci mène à la solidarité et à l'entr'aide constante. On verra alors le soldat soulager tout naturellement son compagnon dans la fatigue, dans les privations, dans les chagrins moraux, dans le danger. La devise « Un pour tous, tous pour un » deviendra une règle commune.

La cohésion doit exister non seulement dans chacune des unités séparément, mais il faut également qu'elle relie entre elles les différentes armes qui constituent la masse totale de l'armée. Celle-ci doit être fortement groupée, ne formant dans son ensemble qu'un seul bloc compact.

L'esprit de corps augmente aussi l'énergie de la force morale. Il dérive de l'amour-propre collectif, du sentiment de fierté dont le soldat honore son unité. Il faut le stimuler dans ses limites normales, car il produit l'émulation entre les différents groupements.

Il ne peut cependant se développer au détriment de la valeur des autres unités. On doit éviter qu'il n'arrive à produire des rivalités.

Poussé trop loin, il mène à l'infatuation corporative. Au lieu de l'affermir, il détruirait alors la force de cohésion.

### ABSENCE DE COHÉSION.

Lorsque la cohésion disparaît dans l'armée, lorsque des dissensions, des querelles intestines poussent aux luttes fratricides, la confiance mutuelle se perd définitivement et la force morale du soldat devient nulle; sa foi dans les moyens d'obtenir la victoire disparaît, il se décourage rapidement et abandonne la lutte. L'histoire fourmille de ces exemples.

D'autres facteurs peuvent aussi altérer l'énergie morale résultant de la force de cohésion.

Quand une troupe est solidement unie, sa désagrégation, même partielle, produit ce résultat désastreux. Si l'on supprime ses chefs, l'effet est plus néfaste encore. En retirant au soldat un supérieur à qui il s'est donné tout entier, on lui fait ressentir non seulement la même peine morale que tout homme éprouve par la perte d'un être aimé, mais on le prive des garanties de sécurité matérielle que lui confère l'appréciation d'un homme en qui il a placé toute sa confiance. Même si ce chef est remplacé par un officier de valeur identique, une période de trouble affectera toujours le combattant. Durant le temps nécessaire à l'évaluation du nouvel arrivé, la force de cohésion restera ébranlée; elle ne redeviendra parfaite que si ce dernier parvient à inspirer à ses subordonnés la même confiance que son prédécesseur.

Il faut donc éviter d'opérer des changements dans les unités si l'obligation ne s'en impose pas impérieusement. En présence de l'ennemi surtout, cette erreur ne doit pas être commise, car cette dépréciation, même momentanée, peut avoir des conséquences nuisibles pour l'intérêt général. Ce fait constituera toujours une faute que les hauts dirigeants doivent s'abstenir de commettre sans nécessité absolue.

Inversement, et comme résultante du même principe, quand une unité est foncièrement mauvaise, profondément atteinte et se maintient dans cet état sans amélioration, il faut la disloquer entièrement et en déverser séparément les divers éléments dans des groupements différents dont la valeur morale est suffisamment éprouvée.

### SUCCÈS.

Si la confiance que le soldat met dans la capacité d'action de l'armée se confirme par des succès obtenus, ceux-ci exalteront son moral. Une victoire, si minime soit-elle, ranime toujours le combattant. Que de fois n'avons-nous pas vu des hommes démoralisés redevenir ardents, pleins d'entrain et d'espoir à l'annonce d'un succès!

Si ceux-ci sont multiples, ils provoqueront l'enthousiasme et porteront au summum la valeur de la force morale.

## INSUCCÈS.

L'insuccès, au contraire, aura souvent une influence néfaste. Le soldat qui a subi plusieurs défaites se découragera, momentanément tout au moins, s'il ne possède pas une force morale éprouvée.

Le revers cependant n'affaiblit pas nécessairement sa valeur combative. S'il est doué de qualités morales solides, celles-ci susciteront en lui une réaction spontanée, capable de toutes les énergies et pouvant le porter aux résolutions les plus extrêmes.

L'histoire est remplie de ces exemples. Comparativement, elle nous montre des armées fortes matériellement, mais dont le moral est atteint, lâchant honteusement pied devant un ennemi numériquement inférieur, mais plus solidement groupé par une cohésion parfaite. Elle nous décrit aussi d'autres troupes ayant subi les revers les plus graves, mais imprégnées d'une force morale puissante, se relevant dans un sursaut d'énergie et parvenant quand même à vaincre l'adversaire.

La dernière guerre nous a montré de ces faits. Tandis que l'armée russe, décimée par l'anarchie, ne connaissait plus que la défaite, les vaillantes troupes roumaines, chassées de leur pays, mais douées d'une force morale inébranlable, continuaient à ses côtés à résister avec courage et à remporter encore des succès, malgré l'affaiblissement matériel dérivé des désastres antérieurs.

Au début, les armées alliées, vaincues par l'écrasante supériorité de l'ennemi, ont su également, dans un sursaut d'héroïsme, se ressaisir à temps et, dans un suprême effort, malgré leur infériorité numérique, contenir, dominer, puis repousser l'adversaire. L'insuccès n'affaiblit donc pas nécessairement la valeur combative d'une armée si celle-ci est dotée d'une force morale puissante.

## OFFENSIVE.

Si le succès affermit le moral du soldat, l'espoir de l'obtenir peut également l'exalter.

Cette constatation se fait surtout dans les préparations d'offensive. Le seul fait que le chef décide d'attaquer donne au combattant l'impression de la valeur certaine de son armée et de la possibilité de vaincre. Elle augmente la confiance et porte à l'enthousiasme.

### DÉFENSIVE.

La défensive, au contraire, ne donnera jamais ces sentiments au soldat. Celle-ci, dans sa conception même, ne cherche pas la victoire; elle se borne à résister, c'est-à-dire à empêcher la défaite.

### FAUSSES NOUVELLES DE SUCCÈS.

Si le succès réel exalte toujours le moral du combattant, par contre l'annonce et la propagation de fausses nouvelles de victoire sont des facteurs de dépression dont il faut empêcher l'action pernicieuse au sein d'une armée en campagne. Elles portent tout d'abord à l'enthousiasme, mais occasionnent par après une rechute désastreuse par la désillusion qu'elles provoquent.

Malheureusement le soldat ajoute foi trop facilement à ces fausses nouvelles de victoire. En se colportant de l'un à l'autre les racontars s'amplifient et surexcitent le combattant. Quand, par après, la réalité est connue, la réaction inverse se produit et le moral retombe d'autant plus bas qu'il a été porté plus haut.

Ceux qui émettent ces faux bruits ne comprennent pas tout le mal qu'ils commettent. Le plus souvent ils agissent par plaisanterie en voulant, comme ils le disent vulgairement, « en faire avaler une bonne à leurs camarades ». Leur satisfaction est d'autant plus grande que la nouvelle se répand davantage et prend des proportions plus grandes. Ils ne se doutent nullement des conséquences néfastes de leur faute inconsciente.

La presse agit parfois de même quand elle donne des comptes rendus que le soldat reconnaît plus tard parfaitement inexacts.

Ce facteur de dépression est aussi une des armes dont se

servent souvent les agents de l'ennemi pour démoraliser leurs adversaires.

× ×

L'analyse de ces faits permet de déduire certaines lois régissant le moral du soldat en campagne : toutes les causes qui exaltent celui-ci le dépriment proportionnellement dans la suite quand elles ne réalisent pas l'effet escompté.

### FATUITÉ.

L'excès de confiance mène à la fatuité. Celle-ci porte au mépris de la valeur de l'adversaire, elle aveugle l'armée sur sa capacité d'action réelle. Ses dirigeants négligent alors de s'entourer de toutes les garanties nécessaires, et des surprises désastreuses sont souvent les tristes conséquences de l'infatuation.

### SCEPTICISME.

Si la confiance dans le triomphe final donne au soldat en campagne une force morale puissante et vive, le combattant, devenu sceptique, ne tarde pas à faiblir. Il perd rapidement tout courage et n'a plus bientôt l'énergie nécessaire pour lutter avec succès, car il conçoit alors son dévouement inutile.

Ce qui est vrai individuellement du soldat le devient plus encore pour la masse de l'armée. Sceptique dans sa généralité, elle est bien près d'être battue.

Des causes multiples conduisent au scepticisme. Nous les avons étudiées précédemment. Les principales sont l'infériorité dans la capacité d'action de l'armée, l'insuffisance des chefs, le manque de cohésion, les insuccès répétés. Nous verrons dans la suite par quels moyens il est possible d'y remédier.

### C. — Discipline.

Pour qu'une armée donne tout son rendement, il ne suffit pas que le côté intellectuel élabore des conceptions parfaites, que le côté matériel soit suffisant pour les exécuter, il faut qu'il y ait entre le principe dirigeant et l'instrument passif une collaboration constante, harmonisant, fusionnant, synthétisant les deux. Cette collaboration, qui donnera l'œuvre utile, ne pourra être réalisée que par l'obéissance absolue du soldat. Sans cette coordination de tous les instants, sans cette soumission complète à tous les degrés de la hiérarchie militaire, les résultats seront toujours désastreux.

Tout comme dans la tempête le navire, ne répond ant plus aux coups de barre du pilote, s'en va à la dérive et au naufrage fatal, ainsi l'armée dont les soldats n'obéissent plus aux ordres de leurs chefs est vouée sans merci aux coups de l'adversaire et finalement vaincue.

Multiples sont les exemples de défaites militaires provenant de l'insubordination des soldats. L'histoire de toutes les guerres, depuis l'antiquité jusqu'à nos jours, démontre que toutes les troupes indisciplinées ont toujours été battues, même par des forces de beaucoup inférieures en nombre mais plus solidement groupées.

Le sinistre exemple de l'armée russe durant la dernière guerre nous en a donné une démonstration suffisante.

Un désastre, provoqué par une telle cause, est toujours une honte. Il ne peut en être ainsi quand la force de cohésion synthétise les énergies individuelles et agglomère entre elles les différentes parties de l'armée.

La discipline militaire est l'une des puissances constituantes de cette force de cohésion. Elle donne en outre à la troupe une énergie morale suffisante pour lutter jusqu'au bout.

Toute association, travaillant dans un but commun, nécessite pour le maintien de l'ordre l'application de règles fixes, imposées à tous les membres dans l'intérêt général. C'est ce qu'on appelle établir la discipline.

Plus que partout ailleurs, dans l'agglomération de l'armée, celle-ci s'impose. Elle est nécessaire pour permettre au mécanisme de fonctionner d'une façon régulière selon la volonté du chef. Elle coordonne les énergies individuelles, l'effort de chacun avec celui de tous, la puissance d'une masse avec celle d'autres masses. Les moyens matériels donnent à l'armée sa capacité d'action, la cohésion groupe les énergies, la force morale suscite l'élan, la discipline règle la coordination des efforts.

Obligatoire en tous temps, la discipline doit être absolue en campagne, car dans certaines circonstances la faute du moindre combattant peut entraîner de véritables désastres.

Elle est aussi nécessaire pour le maintien de la force morale. L'armée ne peut donner son rendement complet sans y être rigoureusement assujettie. Aux qualités du courage, de la bravoure, de l'énergie, du dévouement, de l'esprit de sacrifice, le soldat doit toujours ajouter celle de l'obéissance parfaite.

Pour qu'une troupe soit complètement disciplinée, cette obéissance doit y être admise au point de devenir réflexe. Le soldat doit se soumettre entièrement et reconnaître dans les lois qui le régissent une obligation morale. Il doit abdiquer sa volonté, ses idées personnelles, pour ne rester dans la main de son chef qu'un instrument intelligent.

Pour arriver à obtenir cette soumission complète, plusieurs méthodes d'éducation différentes peuvent être employées.

### I. — Obéissance passive non raisonnée.

Dans ce cas, le soldat obéit sans raisonner, aveuglément, d'une manière réflexe. Il s'exécute sans trop savoir pourquoi, tout simplement parce qu'on lui commande, qu'il doit en être ainsi.

Cette soumission était possible anciennement dans les armées, formées pour la plupart de vieux soldats de carrière, ayant passé leur vie entière sous les armes et chez qui la formation progressive avait fait abdiquer toute volonté personnelle. Elle peut encore être obtenue actuellement avec certaines troupes coloniales, formées d'éléments recrutés dans les peuplades arriérées. Elle existe aussi chez les individus à intelligence bornée, incapables de comprendre.

Ces différentes catégories d'hommes, dans la main du chef, ne sont plus que de simples automates, de vulgaires instruments dont le gradé a pour mission de faire fonctionner les rouages. Ces soldats pourront faire leur service scrupuleusement, mais ils seront incapables de rien fournir de plus. Quand ils devront faire montre d'initiative, l'effort du chef ne sera jamais secondé.

Cette obéissance passive, réclamée cependant encore de nos jours par la plupart de nos dirigeants, est absolument insuffisante. Non seulement elle enlève toute initiative au soldat, mais elle en fait un instrument inconscient qui n'a plus d'autre valeur que sa puissance brutale.

Le soldat en campagne doit être doué de qualités supérieures; sa soumission, au lieu d'être passive, doit au contraire devenir essentiellement active.

Cette obéissance aveugle, irraisonnée, n'est d'ailleurs plus possible à présent. Dans l'évolution sociale actuelle, l'homme n'accepte plus sans raisonnement tout ce qu'on lui impose.

### II. — Discipline coercitive imposée par contrainte.

Jusqu'à nos jours, la contrainte a été pour ainsi dire le seul moyen d'application de la discipline. Elle forme encore actuellement la base de l'éducation militaire contemporaine.

Si nous ouvrons le Règlement de discipline de l'armée belge, édité le 30 mai 1916, nous y trouvons comme définition, page 36, paragraphe Iᵉʳ :

« La discipline consiste dans le plus grand ordre possible, dans la prompte exécution des ordres donnés, sans la moindre réplique, *dans la répression inévitable des moindres négligences ou fautes et dans la punition certaine* de ceux qui les ont commises ou qui manquent à leur devoir dans l'exécution des ordres prescrits, tandis qu'une obéissance absolument passive des inférieurs envers leurs supérieurs en est la base. »

« La répression inévitable, la punition certaine des moindres négligences ou fautes », c'est-à-dire la coercition, est donc bien, d'après cette définition, le moyen d'obtenir la discipline dans les rangs de l'armée belge.

Anciennement, alors que l'homme était encore imprégné par atavisme des principes de soumission passive, cette façon de procéder pouvait exister logiquement. A présent, n'étant plus adaptée au degré d'évolution sociale contemporaine, elle ne peut plus servir comme méthode d'éducation du soldat.

En campagne, moins encore que dans la vie de garnison, elle pourra donner des résultats satisfaisants. Les mobilisés de tous âges, ayant vécu davantage de la vie civile indépendante, sont restés trop imbus de ses principes de liberté.

La discipline par contrainte est d'ailleurs faussée dans sa base même et dans le but qu'elle poursuit. En outre, elle ne s'adresse qu'aux sentiments les moins nobles de l'homme.

Les seuls buts logiques que nous pouvons trouver pour justifier la punition sont :

1° *Le châtiment nécessité par la faute commise.* — Cette intention ne peut s'expliquer que par le désir de vengeance, qui lui-même ne se justifie pas, d'autant plus qu'il s'exerce le plus souvent sur des anormaux;

2° *La réparation du dommage causé.* — But réel, quand il est applicable et peut réaliser ses effets;

3° *L'intimidation d'autrui par l'exemple.* — Nous verrons ultérieurement que la crainte du châtiment, même au point de vue prophylactique, ne donne que des résultats insignifiants;

4° *L'amendement du coupable.* — La punition par elle-même est complètement incapable d'améliorer le délinquant. N'étant apte à agir que par la crainte qu'elle inspire, elle n'atteint pas le sens moral du soldat. Comme conséquence, celui qu'elle frappe n'est jamais amendé. Si celui-ci se repent, ce sera par la seule compréhension de la faute commise.

Le châtiment dans son essence même ne possède aucun effet curatif. Son efficacité ne peut être que prophylactique par la terreur qu'il inspire. Et cette prophylaxie sera très incertaine encore, car l'espoir d'échapper à la peine existera toujours.

Le soldat qui n'obéit qu'à la crainte sera censé ne plus le faire quand celle-ci ne l'influencera plus.

La discipline coercitive pourra parfois paraître donner des résultats. Ceux-ci ne seront jamais réels; leur apparence est toujours superficielle et fictive. L'effet n'est que momentané. Tant que le chef est présent, tout semblera parfait; dès qu'il n'y sera plus, que la contrainte aura cessé, l'ordre cessera de régner.

La menace du châtiment n'est qu'un moyen néfaste d'obtenir une soumission apparente; elle force à l'obéissance, mais elle n'obtient jamais l'abandon volontaire.

Dans l'ensemble, une troupe, sous un chef dur, manœuvrera peut-être de façon impeccable. On ne pourra cependant en déduire qu'elle possède une valeur combative certaine. La contrainte, chez elle, aura dompté les réactions, elle n'aura pas conquis les âmes. La troupe aura un dressage physique parfait, mais elle n'aura pas l'énergie morale nécessaire.

En temps de guerre, ce n'est pas avec des sentiments aussi peu solides que ceux de la subordination imposée par la crainte que l'on peut conduire des hommes à la mort et les faire se sacrifier volontairement. Il faut, pour en arriver là, un idéal plus noble, capable d'agir plus puissamment sur l'âme du soldat.

L'imposition n'obtient jamais l'abnégation de la volonté; elle peut empêcher celle-ci de se manifester, mais elle ne l'annihile pas. Entre deux maux le soldat choisit le moindre. Il obéit passivement parce qu'il sent derrière lui le gradé qui châtiera impitoyablement toute infraction disciplinaire.

L'homme qui a cédé à la contrainte est toujours un être blessé. Il pourra être dompté, il ne sera jamais conquis. Un tel régime, quand il est absolu, ne peut qu'aboutir au mépris et à la haine du supérieur.

La menace du châtiment, employée d'une façon constante, démoralise toujours. Le bon soldat a parfaitement conscience de son devoir et ne demande qu'à l'accomplir. Il se sent outragé dans sa bonne volonté lorsqu'il ne reçoit, comme encouragement, que la menace constante.

Il faut obtenir de l'homme qu'il se soumette volontairement sans y être forcé, qu'il s'abandonne par soumission passive, mais en abdiquant de plein gré. Faire obéir par crainte de punition n'est pas éduquer, c'est astreindre.

Le soldat ne doit pas sentir dans la discipline une peine qui le fait souffrir physiquement et moralement; il doit en éprouver la satisfaction, la jouissance intime du devoir accompli. Loin de la craindre, il doit l'aimer parce qu'il se rend compte qu'elle est pour lui un devoir dont il retire le plus grand bien.

La discipline coercitive ne peut être employée utilement que vis-à-vis des sujets incorrigibles que la douceur et le raisonnement moral n'auront pu ramener dans la bonne voie. Ceux-là ne sont plus sensibles qu'à la menace. La contrainte est alors nécessaire pour les mater ou les maintenir dans la bonne direction. Ces cas sont rares. Les natures rebelles ne sont le plus souvent incorrigibles que parce que le gradé n'a pas su les guider, les conduire et les ramener à de meilleurs sentiments.

Même quand il est nécessaire de l'appliquer, la punition doit encore avoir un but exclusivement moralisateur vis-à-vis du coupable, en essayant de l'amener à faire violence à ses mauvais penchants. L'idée de vengeance doit disparaître de toute organisation qui a pour but l'éducation des membres de l'association.

L'application des mesures draconiennes a toujours fait beaucoup plus de tort qu'elle n'a donné de bons résultats. Au lieu d'améliorer le coupable, elle a fini presque toujours par le rendre plus mauvais. L'exemple des unités où les chefs ne connaissent que la menace est là pour l'attester. Leur valeur morale y est toujours faible sous des apparences de correction extérieure parfaite. Les compagnies où les punitions tombent dru, multiples et répétées, prouvent que leur chef est un mauvais éducateur, un incapable de commander et un indigne de la situation qui lui est confiée.

La discipline coercitive est toujours insuffisante et désastreuse par elle-même, elle ruine le moral du soldat au lieu de l'affermir, elle mène le plus souvent à l'abrutissement ou à la révolte de l'homme. Elle finit toujours par devenir odieuse au soldat. L'antimilitarisme est né en grande partie du régime de la poigne de fer. Le soldat habitué à d'autres idées sociales ne se résigne plus passivement comme dans les temps anciens. Son amour-propre blessé le laisse aigri et l'amène progressivement aux idées avancées et révolutionnaires.

### III. — Discipline morale, raisonnée, volontairement consentie.

Le soldat contemporain, le mobilisé en campagne plus encore que tout autre, n'a plus cette mentalité de l'ancien soldat de carrière, obéissant d'une manière réflexe. Sa vie civile lui a donné des conceptions intellectuelles différentes. Il ne peut plus être un automate sans réactions psychiques. Il pourra, lui aussi, arriver à la soumission absolue, mais il devra au préalable comprendre que celle-ci est pour lui un devoir. Il admettra alors de façon raisonnée et consciente ce qu'on demande de lui, parce qu'il aura saisi le pourquoi de son obéissance.

Si cet état d'esprit nouveau du soldat présente certains défauts, il offre, par contre, des avantages multiples qui compensent largement. L'acceptation raisonnée de la discipline donne au combattant une force morale bien autrement grande que celle admise par contrainte ou aveuglément. Elle n'a plus rien pour lui d'asservissant.

Tandis que la contrainte ne s'adresse qu'aux mobiles les moins dignes de l'homme, la discipline raisonnée obtient tout en agissant sur ses sentiments nobles. La première essaye, sans y parvenir, de briser la volonté du sujet; l'autre, par le raisonnement, arrive à l'abnégation consciente. L'une, agissant par la menace, donne des résultats faussés et n'obtient aucun dévouement; l'autre, en s'adressant à l'âme, procure des qualités inébranlables et conduit au sacrifice librement consenti. La première écarte souvent du bon chemin; la seconde y maintient pour ainsi dire toujours.

× ×

L'évolution sociale ayant habitué l'homme au libre usage de son raisonnement, cet état d'esprit nouveau oblige à d'autres méthodes d'éducation militaire. L'âme étant l'unique moteur de l'être humain, c'est par elle qu'il faut le diriger à présent. C'est au raisonnement que l'on doit s'adresser pour amener le soldat à l'obéissance absolue. Son éducation doit donc changer d'après l'évolution nouvelle.

Pour donner son maximum de rendement, elle doit être basée, dans son orientation générale, sur la connaissance psychologique approfondie de la masse sur laquelle elle est destinée à agir. Elle doit être adaptée à l'esprit de cette masse, à son degré d'évolution sociale, intellectuelle et morale. Elle doit tenir compte aussi des qualités, du caractère, du tempérament et des réactions propres à la race à laquelle appartient le soldat. Plus que partout ailleurs, dans les pays de l'Entente, où l'homme, dans sa vie civile, est habitué à cette liberté relative, cette nécessité s'impose.

Comme conséquence, dans l'élaboration des mesures édictées, les dirigeants devront toujours s'inspirer des données précédentes et y adapter leurs règlements d'une manière précise.

Dans l'application de détail par l'officier subalterne, il doit en être de même. Celui-ci devra connaître en particulier chacun de ses hommes et se guider d'après leur caractère propre.

On pourrait objecter que la discipline, de par son essence même, ne peut admettre le raisonnement et qu'un ordre donné doit être exécuté immédiatement. L'objection est réelle, mais est mal fondée. Certes, le soldat doit obéir instantanément; mais ce n'est point au moment même où l'ordre est donné que nous concevons chez lui le raisonnement. Il doit être amené antérieurement à l'obéissance passive par l'éducation préalable que l'officier aura dû lui donner et dans laquelle il aura démontré l'obligation morale de la discipline.

Il est nécessaire, pour en arriver là, de donner au soldat la saine compréhension du sentiment du devoir. C'est au gradé qu'incombe cette tâche. Pour atteindre le but, il s'armera de la patience nécessaire. L'éducation morale de son subordonné doit être progressive; il doit pouvoir développer son raisonnement de jour en jour pour aboutir finalement à l'acceptation complète, raisonnée et réflexe de la discipline militaire.

Le mot « discipline » trouve son étymologie dans la racine latine « discere, discipulus », qui indique l'existence d'un enseignement. C'est donc par celui-ci qu'il faudra l'inculquer.

Normalement, chez l'homme, la discipline doit résulter de la compréhension du pourquoi de son obéissance. C'est au raisonnement d'abord, démontrant l'obligation des devoirs envers la patrie, et ensuite au développement des sentiments nobles qu'il faudra s'adresser. Il se soumettra alors de plein gré, volontairement. Son obéissance sera d'autant plus complète qu'elle sera plus librement consentie.

La formation du soldat sera ainsi établie sur une base bien autrement solide pour obtenir tout le rendement que l'on demande de lui.

A la discipline brutale, coercitive d'autrefois, doit se substituer à présent la discipline morale. A la répression matérielle primitive doit succéder le développement des sentiments nobles.

Cette éducation doit se faire dès l'entrée du soldat dans les rangs. Elle devrait se reposer déjà sur des principes donnés antérieurement à l'enfant et à l'adolescent par l'instituteur durant son passage à l'école.

Son action s'étendra également au delà des limites de la vie militaire du soldat; son influence continuera à se faire sentir dans son existence ultérieure quand il sera rendu à la vie civile. Le rôle social de la discipline ne sera donc pas moindre que son but militaire.

D'autres motifs encore amèneront le soldat à cette acceptation. L'exemple de ses chefs, la confiance, le respect qu'il leur accordera, l'influence directe de ses sentiments nobles y concourront puissamment.

La discipline ainsi comprise ne sera plus avilissante comme l'est fatalement celle imposée par la contrainte. Par elle, le soldat comprend qu'elle n'est autre que le devoir rendu pratiqué par l'application de règles fixes imposées à la masse, et garanties par des sanctions obligatoires. Elle sera alors sacrée pour lui, elle lui donnera une force morale solide et contribuera secondairement pour beaucoup à affermir la puissance de cohésion dans la troupe.

### CONDUITE DU CHEF VIS-A-VIS DU COUPABLE.

Le chef ne peut en toutes circonstances exercer une discipline implacable, basée sur des règles uniformes et toujours identiques dans tous les cas. Il ne devrait pas, comme c'est malheureusement souvent le cas, avoir un barème régulier de punitions d'après lequel telle faute est passible d'un tarif intégralement appliqué, suivant un règlement immuable et sans tenir compte de l'élément moral qui est entré en jeu.

Toute faute demande un examen attentif. Dans chaque cas le chef doit rechercher la gravité dans l'intention qui a poussé le délinquant. Une faute légère, quand son but est mauvais, est parfois beaucoup plus grave qu'un délit plus conséquent ne résultant pas d'une volonté intentionnellement malfaisante. Dans le premier cas il y a faute réelle et il faudra punir; dans le second il y a maladresse ou erreur et il est seulement nécessaire d'éduquer. Si, dans ce dernier cas, le chef réprimande, raisonne et éclaire le coupable, s'il lui montre la faute commise, la punition logiquement encourue et l'indulgence qu'il aura pour lui suivant promesse de ne plus recommencer, il ramènera presque toujours le délinquant à de meilleurs sentiments. Celui-ci, dans la suite, saura se montrer reconnaissant et cherchera à racheter l'imprudence commise.

Une punition donnée mal à propos peut au contraire démoraliser un soldat fautif, mais sans mauvaise intention.

Quand une première faute résulte d'une négligence, d'un laisser-aller de la part de l'homme, c'est encore au moral qu'il faudra s'adresser.

Si, au contraire, il y a mauvaise volonté manifeste ou préméditation froidement calculée, après s'être rendu compte que le raisonnement n'a plus de chance de réussir, c'est par la répression énergique qu'il faudra agir.

Si l'on constate la résistance aveugle, obstinée, récidivante, il faudra éliminer impitoyablement, car, en guerre, le temps manque pour la rééducation trop longue.

C'est pour tous ces motifs que, dans la répression, un gradé doit raisonner tous ses actes et toutes ses décisions avant de les rendre effectifs. En ayant pour principe exclusif la punition brutale dans tous les cas, le chef n'obtiendra pour ainsi dire jamais l'amélioration du coupable. Un soldat reste le plus souvent mauvais parce que son éducateur n'a pas été à la hauteur de la mission qui lui a été confiée.

Quand de nouveaux soldats lui arrivent, le gradé ne doit pas d'emblée se faire une opinion définitive sur chaque homme. En agissant ainsi, il pourrait se fourvoyer complètement. Il ne doit pas surtout, de parti pris, à première vue, rebuter ceux qui, au premier contact, ou sur des renseignements fournis, paraissent réfractaires ou insoumis. Tel pourra sembler tout d'abord un bon soldat qui cachera bien des imperfections sous des allures extérieures de correction parfaite. Tel autre qui, à première vue, paraîtra un révolté fera un excellent soldat quand il sera dressé et adapté au milieu. Le gradé peut aussi avoir affaire à une nature primitivement bonne mais mal orientée antérieurement et évoluée dans un sens défectueux. Il doit pouvoir s'en rendre compte rapidement, la reprendre progressivement bien en main, redresser ses sentiments, transformer sa mentalité, la remettre sur le bon chemin et employer tout le temps nécessaire.

Le devoir du chef est de toujours tenter de ramener le dévoyé par le raisonnement et la douceur avant d'en arriver aux moyens de coercition. On constate si souvent des métamorphoses complètes. Certains individus, insoumis ou révoltés, qui, sous les ordres d'un gradé incapable, n'auront rien fait de bon, avec un chef digne qui saura mieux les guider, deviendront des soldats parfaits et d'un dévouement absolu.

Le chef sera donc très prudent pour s'orienter primitivement sur la valeur de ses hommes.

Vis-à-vis d'un coupable ancien qui a déjà expié, il doit se montrer bienveillant, au début tout au moins; il doit agir absolument comme si son passé lui était inconnu. Tant qu'il espère pouvoir ramener le délinquant dans la bonne voie, il doit essayer de lui fournir l'occasion de se réhabiliter. Ce serait, de sa part, commettre un crime moral que de tenir cet homme à l'écart. En agissant ainsi, il lui ferait sentir tout l'opprobre restant attaché à sa faute, il le rendrait confus et honteux, il le blesserait dans ce qu'il possède encore d'amour-propre et de dignité. Il faut, au contraire, lui donner confiance et l'aider puissamment. Souvent, ces malheureux n'ont jamais connu la main secourable. Ils seront d'autant plus reconnaissants et animés du désir de bien faire qu'ils la sentiront tendue avec sincérité.

En campagne, il y a pour tous les délinquants de multiples occasions de se racheter. Tout homme est susceptible d'amélioration; le gradé doit bien s'imprégner de cette vérité. Il n'est pas un soldat qui n'ait au moins une qualité qui puisse être exploitée. C'est à l'officier à pénétrer son âme pour y découvrir ce qu'il y a en elle de bon et de mauvais. Pour y réussir, il devra se mettre en communication morale avec l'homme. Il y a tant de façons de prendre celui-ci. L'un réagira au sentiment du devoir, un autre à l'amour-propre, un troisième à l'intérêt. Peu importe le moyen, l'essentiel est d'arriver au but que l'on s'est proposé.

A la guerre un chef qui sait s'y prendre pourra même tirer parti des défauts de ses subordonnés. Les plus mauvais sujets, les fortes têtes, sont susceptibles souvent de rendre de très grands services; il suffit simplement de savoir les prendre du bon côté. L'impulsion, la violence, l'impétuosité qui, en d'autres circonstances, seraient nuisibles, peuvent être utilisées comme qualités en présence de l'ennemi. C'est au chef de savoir exploiter ces sources anormales d'énergie.

Presque toujours l'inexpérience du gradé est cause de son insuccès. Pour être à même d'agir utilement, la connaissance psychologique de l'homme s'impose à l'officier. Elle lui est nécessaire non seulement pour faire fructifier ce qu'il y a de bon dans le soldat, mais aussi pour refréner ou détruire ce qu'il y a de mauvais.

Le gradé doit surtout chercher à prévenir les fautes. Tout comme en hygiène générale, au point de vue moral, c'est surtout par la prophylaxie qu'il faut agir d'abord. L'officier doit pouvoir devenir le médecin de l'âme de ses hommes. Il doit les examiner, les scruter, chercher les anomalies qui pourraient exister, les découvrir à temps, les diagnostiquer et les rendre curables.

Quand le mal existe et qu'il a déjà produit ses effets, avant de punir, le gradé doit toujours essayer de soigner avec persévérance et sans jamais désespérer d'arriver au résultat voulu. Une parole allant droit au cœur du coupable, faisant appel à sa dignité, à son amour-propre, à ses sentiments nobles, fait beaucoup plus qu'une punition brutalement appliquée. Le pardon d'une faute ramène plus sûrement dans la bonne voie un coupable égaré. Au lieu d'être inflexible vis-à-vis du délinquant, l'officier, avant de punir, devra toujours essayer de briser sa résistance par le raisonnement et de ramener par la douceur le récalcitrant dans la voie du devoir.

Devant un cas d'insubordination, il est préférable, selon le terme médical, d'opérer à froid. Il faut attendre que la crise aiguë soit passée; les résultats seront toujours bien meilleurs. En agissant ainsi, l'officier ne risquera pas d'être lui-même fautif dans un mouvement d'emportement. En outre, son action sur le délinquant ne se heurtera pas à cet état d'exaltation du coupable durant lequel il n'y a rien à obtenir.

Souvent, celui-ci vise devant les autres soldats à la gloriole momentanée.

En temps de guerre, le réfractaire peut aussi avoir un autre but, surtout dans les armées, comme en Belgique, où la peine de mort n'est guère rendue effective. Le délinquant désobéit parfois, de manière raisonnée, pour être traduit en conseil de guerre et condamné à la prison. Il juge qu'il est ainsi à l'abri de tout danger et il espère que l'amnistie future lui rendra sa liberté. Dans ce cas, le gradé, en punissant le coupable, est victime de son jeu.

Devant une première désobéissance, l'officier devra éviter tout éclat en présence de la troupe. Il fera venir par après le coupable seul à seul avec lui. S'il a affaire à un exalté qui a agi par gloriole, pour la galerie, il le trouvera désarmé devant lui. Si c'est un inconscient, il s'en rendra compte rapidement. Il parlera avec calme et cherchera à pénétrer les motifs de la rébellion. Presque toujours il en découvrira le secret. Le plus souvent, une crise de larmes terminera l'entretien; l'homme sera vaincu pour tout de bon et amendé pour toujours. Sauf de très rares exceptions, le chef obtiendra une guérison complète; le délinquant redeviendra un bon soldat, reconnaissant et dévoué dans la suite.

Si le coupable, après cette première tentative, ne s'améliore pas, s'il récidive, l'officier devra alors sévir. Quand la bonne volonté, la douceur, la persuasion, les remontrances auront échoué, il devra recourir aux moyens de répression. En temps de paix, le gradé devrait essayer à nouveau, mais en campagne, et surtout devant l'ennemi, le mauvais exemple répété peut devenir contagieux et nuire à l'intérêt général. La bonté, l'indulgence trop grandes du chef pourraient être interprétées comme des faiblesses. Il devra punir le récidiviste ou s'en débarrasser.

Quand il est nécessaire d'en arriver au châtiment, il faut l'employer complet et sans demi-mesure. Il faut agir comme le chirurgien quand il se trouve en présence d'une tumeur grave qui risque de s'infiltrer dans tout le corps et d'y généraliser son influence néfaste. L'extirpation complète est le seul traitement efficace.

En cas d'insubordination, le supérieur doit toujours rester maître malgré et contre tout. Quels que soient ses moyens, il faut qu'il triomphe de la mauvaise volonté de l'insoumis. Le respect de son grade, la discipline l'exigent à n'importe quel prix.

Pour vaincre sûrement, une première condition s'impose au supérieur : garder tout son sang-froid, ne jamais s'emporter, ne recourir à la violence que véritablement forcé et dans le seul cas excusable de la légitime défense. Même devant la faute la plus grave, le gradé doit toujours rester calme. En cédant à l'impulsion de la colère, il nuit à son prestige et se prive, dans la suite, de ses moyens d'action. En outre, les décisions qu'il pourrait prendre risqueraient d'êt   ors de proportion; il devrait y revenir dans la suite, ce qui serait avouer être lui-même en faute.

× ×

Contrairement à l'idée préconçue de certains officiers, les règles de la discipline militaire ne sont donc pas immuables. Certes, les grands principes peuvent rester les mêmes, mais ils doivent varier dans leur application suivant le degré d'évolution sociale, le tempérament, les caractères de la race à laquelle ils doivent être adaptés.

Dans l'application de détail, les règlements, tout en restant fixes et concourant vers un but identique, devront se modeler aux différents individus, non pas dans le principe même et dans la fin à obtenir, mais dans la façon d'amener l'homme à cette fin.

Il faut donc, pour en arriver là, que l'officier chargé d'éduquer le soldat puisse avoir une connaissance suffisamment approfondie de l'âme humaine et soit à même d'en saisir les différenciations personnelles. Ceux qui ne s'appliquent pas à acquérir ces données sont coupables d'ignorance ou de paresse. Dans les deux cas, ils ne sont pas à leur place.

## INDISCIPLINE.

L'indiscipline, dans les rangs de l'armée affaiblit toujours l'énergie morale du soldat; souvent elle la supprime complètement.

Là où l'autorité du chef n'est pas absolue, la valeur de l'ensemble devient rapidement nulle. Les mauvais éléments sont cause de troubles, et les bons, devenus impuissants, finissent par se décourager. L'histoire fourmille d'exemples de cet affaiblissement moral et des tristes conséquences auxquelles il aboutit fatalement.

L'indiscipline dérive souvent de la faiblesse du chef. Elle peut aussi résulter de son incompétence, de son défaut de connaissance psychologique du soldat, de son manque de respect de la personnalité de l'homme, de sa brutalité, de son injustice, de son abus d'autorité, toutes causes qui n'existeraient pas s'il était à la hauteur de la tâche qui lui est confiée.

L'indiscipline peut aussi provenir de l'infiltration des idées d'antimilitarisme. Dans ce cas, le chef est coupable encore pour n'avoir pas su prévoir, agir à temps et protéger le moral de sa troupe contre l'influence pernicieuse.

## MANQUE D'INITIATIVE.

Une des conséquences inhérentes à la discipline trop rigoureusement appliquée, est la suppression de l'initiative chez les subordonnés. L'obéissance non raisonnée, ou obtenue passive par la contrainte, empêche l'homme de pouvoir être personnel, car elle le force à appliquer strictement ce que les règlements lui prescrivent.

Ceux-ci, malheureusement, ne peuvent jamais se prêter à toutes les circonstances. Si parfaits, si explicites, si étendus soient-ils, il y a toujours des lacunes, des situations nouvelles devant lesquelles le soldat, tout en suivant les grandes lignes de la directive générale, devra forcément user d'initiative.

Si la crainte imposée par une discipline inflexible le paralyse, elle l'empêchera de prendre cette initiative de par les conséquences qui pourraient en résulter pour lui. Il se conformera strictement au règlement et créera ainsi un état d'inertie préjudiciable à l'intérêt général.

La discipline militaire ne peut juguler l'intelligence du soldat et faire de lui un instrument passif, obéissant sans comprendre à l'impulsion que lui donne son chef. Elle réduirait l'armée à l'état d'une vulgaire machine dont les divers éléments ne constitueraient plus qu'une succession aveugle de rouages mécaniques. Elle doit laisser à l'homme une certaine liberté de jugement.

En temps de guerre, surtout, l'initiative est nécessaire. Les occasions où elle doit se manifester sont fréquentes. Elle s'impose impérieusement à tous les degrés de la hiérarchie militaire. L'énorme développement pris par l'extension des fronts, le nombre immense des combattants, rendent impossible une direction unique qui puisse songer à tout. L'initiative dans le commandement devra donc exister. Il doit en être de même dans les cadres subalternes et même chez le simple soldat. Au cours d'une bataille, des situations nouvelles, non prévues, peuvent se créer sans que le chef ait le temps d'être averti et puisse donner des ordres; des vides peuvent se creuser, forçant des inférieurs à user d'initiative selon les circonstances.

Le commandement ne peut donc toujours exiger, dans l'exécution des ordres, l'automatisme absolu. Il ne peut réprimer les initiatives normales, il doit savoir admettre les collaborations intelligentes.

Le freinage de l'initiative est un mal dont souffre l'armée. Il existe souvent de par l'ambition des chefs. Certains d'entre eux ne veulent pas être éclipsés intellectuellement par leurs inférieurs. D'autres la considèrent comme un acte d'insubordination, empiétant sur leurs droits et leurs prérogatives.

A l'armée, le chef est trop souvent enclin à condamner de prime abord l'initiative de ses subordonnés, ou tout au moins à la critiquer. Il ne doit pas en être ainsi. La répression de l'initiative, de la part d'un chef, montre toujours chez lui un esprit étroit, égoïste, orgueilleux, ainsi qu'une incapacité funeste et préjudiciable à l'intérêt général de l'armée. Elle montre, en outre, un homme dont le sens moral est atteint, car il n'hésite pas, par égoïsme, à combattre tout ce qui peut manifester une valeur personnelle autour de lui.

L'obligation stricte de se conformer aux règlements de façon absolue enlève aussi au soldat sa confiance én lui-même, annihile son esprit de dévouement et le démoralise. Elle supprime souvent le concours d'éléments actifs. Elle paralyse les énergies et peut entraîner à la paresse, car elle permet à tous de se refuser à tout effort supplémentaire, en se bornant à exécuter les ordres donnés et sans rien faire de plus.

Le chef doit donc savoir admettre l'initiative d'autrui. Il doit savoir comprendre que sa mission est de former des hommes et non point de créer des machines inconscientes. Loin de la combattre, il est de son devoir de l'encourager tant qu'elle ne sort pas des limites normales et qu'elle ne donne pas prise à un esprit d'indépendance qui deviendrait alors funeste. Il doit savoir faire appel à l'intelligence de l'homme, provoquer et développer chez lui des réactions psychiques. Son but constant doit être de faire intervenir le jugement du soldat dans chacun de ses actes. Il devra, pour cela, profiter de toutes les circonstances favorables et même les provoquer. Dans des manœuvres appropriées, il doit sciemment laissér place à l'initiative du soldat, et combiner les choses de façon à ce qu'il soit forcé d'en user. Il aura ainsi l'occasion par après de la discuter, d'en faire la critique, d'éduquer son subordonné et de développer en lui cette qualité essentielle.

### *D*. — Activité physique. — Esprit de combativité.

Le soldat admet qu'il est en guerre pour se battre et, normalement, ne cherche pas à se soustraire. La bataille l'exalte, l'inactivité de combat le déprime, le désœuvrement le démoralise toujours. Tant qu'il est occupé activement, au contact même de l'ennemi, son moral ne fléchit point. C'est par après, quand il se retrouve dans le calme et que ses nerfs se détendent, que la réaction se produit. Les repos trop prolongés et surtout trop éloignés du front sont pour lui des causes de dépression.

Ces influences morales ne se constateront pas chez l'égoïste.

Ce dernier est un mauvais soldat qui ne se trouvera bien que loin du danger. Celui que nous analysons est le guerrier aux sentiments nobles, animé du seul désir de servir courageusement sa' patrie.

Dans la bataille, le soldat ne pense guère à la malchance; il espère toujours sortir indemne de l'action. Les des qui se creusent autour de lui n'affaiblissent pas son courage. C'est une erreur de croire qu'il se démoralise par les pertes que son unité subit quand il a la conviction qu'elles ont été nécessaires.

L'inactivité de combat l'influence davantage. Dans l'attente de l'action, les nerfs du combattant sont tendus, son esprit est surexcité, son enthousiasme lui fait ardemment désirer de voir l'engagement se produire. Si le choc n'a pas lieu, la détente est toujours préjudiciable au moral de l'homme. Elle est d'autant plus déprimante que l'exaltation provoquée par l'espoir et l'imminence de la bataille aura été plus grande.

Tous les officiers ont pu observer cette dépression morale chez leurs hommes à la suite de préparations avortées d'offensive. Le découragement existait régulièrement partout. Même ceux qui, devant entrer les premiers dans la mêlée, couraient les plus grands risques d'être tués, regrettaient de n'avoir pu combattre.

*L'inactivité physique, le désœuvrement* sont aussi des causes de dépression morale. L'homme inoccupé a trop de temps pour réfléchir et, à la guerre, les sujets de méditation portant à la tristesse sont des plus nombreux. Celui qui pense trop ne tarde pas à être déprimé.

Il faut donc éviter le désœuvrement du soldat durant les longues périodes de stabilisation. Son occupation constante. entrecoupée de repos proportionnés, les distractions, la vie familiale créée au cantonnement pourront y remédier.

## *E.* — Sentiments nobles.

### COURAGE, DÉVOUEMENT, ABNÉGATION, ESPRIT DE SACRIFICE.

Le soldat possède normalement certains sentiments nobles, capables de mettre son moral à l'abri des causes de dépression. Ceux-ci, le plus souvent, sont innés; ils peuvent aussi provenir de l'éducation antérieure. Ils donnent au combattant la force vive du patriotisme, et le portent aux sentiments de l'honneur et du devoir, au dévouement, à l'abnégation, à l'esprit de sacrifice si les circonstances l'exigent.

*L'honneur* incite l'homme à vouloir toujours conserver sa dignité en tous temps et en tous lieux, en méritant toujours et partout la considération et l'estime de tous. Il porte à l'accomplissement du devoir.

*Le courage* est la fermeté d'âme qui rend le soldat capable de tout supporter. Il donne *la bravoure* c'est-à-dire le courage vis-à-vis du danger. Il produit *l'énergie* qui permet de supporter vaillamment les souffrances, la fatigue, les privations, les maux de tous genres que comporte la guerre. Il conduit à *l'héroïsme.*

*Le dévouement* est le sentiment qui porte l'homme à se donner pour autrui.

*L'abnégation* est le dévouement porté à son summum.

*L'esprit de sacrifice* est la suprême abnégation. Durant l'action *l'enthousiasme* donne au soldat l'impulsion; *la volonté* lui fournit sa puissance d'action; *l'amour-propre* le porte à vouloir arriver.

Le soldat qui possède ces qualités est capable de surmonter les causes d'altération agissant sur sa force morale. Il n'hésitera pas à mettre son pays au-dessus de ses intérêts personnels. Les avantages matériels, les considérations de famille, son existence même ne pourront primer sur ses devoirs de patriote. Son dévouement sera sans bornes; même dans les situations les plus critiques, il ne faiblira pas. Il ira sciemment et sans hésitation à la mort, s'il sait son sacrifice nécessaire au triomphe des siens. Loin de chercher à l'arrière une place de tout repos, on le trouvera toujours là où son devoir lui commande de rester.

## FIERTÉ, AMBITION, AMOUR-PROPRE.

Il existe chez tout homme un sentiment inné qui le rend susceptible de fierté. Quoique propre à chaque individu, il existe aussi pour la masse d'une collectivité. L'officier trouvera en lui un moyen puissant de stimuler le soldat. Tout combattant rêve de se distinguer, de se couvrir de gloire. Le terrain est donc tout préparé. Il suffit, pour le gradé, d'exalter ces sentiments pour porter l'homme au désir d'accomplir des actes d'héroïsme.

C'est au chef à savoir exploiter cette source d'énergie morale qui existe au fond de chacun de ses soldats. C'est à lui de tirer parti de ces sentiments naturels, inhérents à la nature même de l'homme, et à les stimuler au besoin par l'émulation. Si ses soldats ont répondu, il devra aussi ne point laisser leur dévouement sans récompense.

L'amour-propre est un levier moral puissant. C'est aussi une corde sensible que l'on doit éviter de briser inconsidérément.

## ÉGOÏSME, INSTINCT DE CONSERVATION.

Si, au contraire, l'égoïsme prime chez le soldat, si l'instinct de conservation annihile en lui tous les sentiments nobles, il ne sera capable de rien et son moral sera toujours mauvais.

L'instinct de conservation est chez le combattant un des facteurs qui paralysent le plus son courage et contrebalancent tout ce qui pourrait l'exalter. Le soldat chez qui ce sentiment domine ne voit dans la guerre qu'un danger. Loin de vouloir accomplir son devoir à l'armée de campagne, il essayera de s'embusquer. S'il ne peut y parvenir, s'il est forcé, malgré tout, de rester dans les armes combattantes, au contact de l'ennemi, sa seule préoccupation sera, par tous les moyens possibles, d'éviter le danger. Il ne sera capable d'aucun dévouement.

L'instinct de conservation est une des causes perturbatrices les plus grandes du maintien de la force morale. En présence de la mort qui menace, il peut faire perdre le sang-froid au combattant, engendrer la peur et même le pousser jusqu'à la lâcheté.

*La peur*, quand elle ne fait ressentir ses effets qu'individuellement, n'est pas funeste à la masse si de bons éléments encadrent l'unité. Souvent, l'apeuré devient un inconscient: ses facultés se paralysent et il agit en automate, exclusivement sous l'impulsion qu'on lui donne.

A des degrés variables, elle est, pour ainsi dire, normale au début de l'action. Mais sa durée est très courte et limitée aux premiers contacts. Presque tous les combattants la subissent pendant les quelques premières minutes de l'engagement. Elle peut aller de la simple émotion à la terreur.

Suivant sa force de caractère, le soldat se ressaisit plus ou moins rapidement. Généralement, au bout d'un temps très court, il est redevenu normal et absolument maître de lui. Une réaction vive succède souvent. Elle le met dans un état d'exaltation où les sentiments violents, l'impulsion, la colère, la rage, dominent et le rendent insouciant du danger qui menace partout.

Tant que le sentiment de la peur ne se traduit pas chez le soldat par des signes extérieurs, il n'est pas dangereux pour la masse. Si ses manifestations deviennent visibles pour les autres, elles peuvent devenir contagieuses, se communiquer rapidement, provoquer la panique et entraîner la débâcle.

La peur, l'instinct de conservation peuvent engendrer la lâcheté du soldat. Ce sentiment indique toujours un caractère faible et une âme vile. Ses conséquences, tant au point de vue personnel que pour la troupe entière, sont beaucoup plus nuisibles. Elles annihilent complètement la force morale du combattant et peuvent être la cause initiale d'un désastre.

L'instinct de conservation raisonné et voulu est plus abject encore. Le soldat cherche alors, de parti pris, à se soustraire délibérément au devoir qui lui est imposé. Dans ce cas, non seulement sa force morale est nulle, mais il devient capable de toutes les ignominies pour pouvoir échapper au danger.

Il ne suffit donc pas, dans une armée en campagne, de posséder des combattants sachant manier leurs armes à la perfection, il faut savoir développer en eux les qualités morales indispensables. A l'entraînement physique, à l'éducation militaire parfaite, doit s'ajouter l'influence prépondérante des sentiments nobles.

### F. — Besoin d'affection.

Tout homme possède en lui un besoin d'expansion de son être, dérivé de l'altruisme, et qui le porte à l'affection. Partout où il se trouve, il doit pouvoir manifester ce sentiment sur quelque chose de tangible.

Au front, le soldat, séparé de tous ceux qu'il aime, aura, au début, un certain vague à l'âme. Spontanément, sans qu'il s'en doute, il compensera en s'attachant insensiblement à un être quelconque qu'il prendra sous sa protection.

Celui qui possède une monture, l'artilleur, le cavalier, le soldat des transports, fera de son cheval un ami. Il prendra soin de lui, mettra de l'amour-propre à ce qu'il soit mieux que tout autre et en éprouvera une certaine fierté. Il l'appellera d'un nom qu'il affectionne. Dans ses moments de repos, il viendra lui parler comme à un bon camarade, restera de longs moments près de lui, le caressera, le cajolera, prendra plaisir à lui manifester son sentiment. Il lui cherchera un supplément de nourriture et, au besoin, saura lui réserver de sa propre ration. Son affection sera profonde; il en viendra à aimer son compagnon de tous les instants et il en sera payé de retour.

Au combat, il veillera sur lui, le protégera au même titre que sa propre personne. Blessé, il ne l'abandonnera que forcé par des circonstances impérieuses.

Les exemples de ces affections sont multiples. Il n'est pas rare de voir un simple soldat, proposé pour un emploi supérieur, refuser ces conditions meilleures plutôt que d'abandonner son cheval. Nous avons vu des conducteurs, blessés grièvement par le feu de l'ennemi, pleurer la mort de leurs chevaux tués à côté d'eux, et, malgré le danger, refuser d'être emportés sans avoir été conduits près des cadavres de leurs anciens compagnons pour leur donner, comme adieu, la dernière caresse.

Le fantassin adoptera un chien. Le peloton, la compagnie feront de même. Il deviendra l'ami de tous et de tous les instants. A l'exercice, à la parade, à la tranchée, au combat, il sera là partout. Dans le danger, il sera défendu avec le même esprit de dévouement qu'un camarade de l'unité. N'a-t-on pas vu des sections entières retourner sous la mitraille pour y reprendre leur chien, abandonné dans un abri!

Ce besoin d'affection se rattache le plus souvent à des êtres vivants, mais, à leur défaut, il se reporte sur des objets matériels faisant partie de la vie courante du soldat. Le troupier aimera son fusil, il vantera ses qualités, il racontera en le montrant les coups heureux qu'il aura faits avec lui. Le canonnier affectionnera sa pièce, elle aura son nom dans la batterie, on citera les combats où elle aura donné, une certaine gloire lui sera réservée. Il ne voudra pas se séparer d'elle pour servir dans un autre groupe. Si, dans la bataille, elle devient menacée, il la défendra avec rage, il fera l'impossible pour la sauver, il se fera souvent tuer plutôt que de l'abandonner.

Quand des affections semblables sont aussi imprégnées dans le cœur du soldat, les briser à la légère sans motif suffisant, c'est le faire souffrir moralement.

Les chefs doivent savoir en tenir compte. Ils devront éviter de brusquer ces sentiments par des mesures arbitraires quand il y aura moyen de faire autrement. Tant que ces adoptions ne sont pas un sujet de trouble ou de désordre dans l'unité, qu'elles ne provoquent aucune gêne dans le service, tant qu'elles ne portent aucun préjudice à l'intérêt commun, il faut savoir les tolérer.

Il entre dans la nature de l'être humain de pouvoir épancher ce besoin d'affection. Combattre ce sentiment, c'est blesser l'homme et du même coup le démoraliser.

### G. — Gaieté. — Entrain. — Bonne humeur.

Tout ce qui porte à l'entrain, à l'amusement, à la gaieté, entretient le moral du soldat en lui rendant le courage nécessaire, en avivant son énergie momentanément déprimée.

Il suffit, pour s'en convaincre, de voir défiler une troupe. Le fantassin, éreinté par une longue étape, pliant presque sous le poids du bagage, se redresse instantanément, redevient fier et altier dès que la musique du régiment entame une marche entraînante. C'est d'un pas allègre, la mine ragaillardie, qu'il scande alors le pas. La fatigue ne paraît plus, le sac est allégé, les visages, primitivement tirés, redeviennent gais et vaillants.

La chanson de route, à un degré moindre, produit le même effet.

Au combat, c'est souvent en entonnant son chant patriotique, ou en jetant son cri de guerre, que le soldat s'élance à l'ennemi.

En campagne, dans la chambrée que constitue l'aire ou le fenil d'une grange, la chanson provoquera la gaieté. Si elle fait rire, c'est l'entrain, la bonne humeur; si elle glorifie la bravoure, elle exalte le moral et l'esprit de combativité.

Les concerts, les revues, les théâtres du front amusent aussi le soldat. Les jeux sportifs, outre leurs avantages physiques, donnent l'entrain. Tous ces divertissements tiennent l'homme au cantonnement, le soustraient à l'influence néfaste du cabaret, lui font passer agréablement ses heures de repos et l'empêchent de se laisser surprendre par le funeste cafard.

En distrayant, en amusant le soldat, ce facteur de dépression disparaît. L'homme qui est gai ne se démoralise pas. La tristesse, au contraire, est une des plus grandes causes de défaillance.

## *H.* — **Bien-être matériel.**

Le bien-être matériel de l'armée est une des conditions essentielles de son maintien moral.

Le soldat comprend qu'en campagne il est impossible de lui donner tout le confort nécessaire et il se contente de ce qu'il a quand il voit que ceux qui le dirigent essayent de lui donner le maximum possible.

Il doit aussi se rendre compte que, proportionnellement aux situations, ses chefs font relativement autant pour lui que pour eux. Il ne faut pas qu'il constate de ces anomalies flagrantes, de ces contrastes frappants qui révoltent et écœurent. Un des principaux devoirs de l'officier est donc de veiller d'une façon constante au bien-être de ses soldats.

$$\times \times$$

Dans le même ordre d'idées, une cause de dépression morale qui influence grandement le troupier est le gaspillage parfois révoltant que l'on constate dans les armées en campagne.

Les frais nécessités par les installations, l'entretien, le mécanisme de roulement sont énormes. L'expérience de la dernière guerre a démontré que c'est par milliards qu'il faut compter mensuellement. Le soldat s'en rend compte et sait apprécier ces dépenses à leur juste valeur. Son esprit d'observation le porte à les examiner. Il en raisonne l'utilité et découvre parfaitement les anomalies qui existent. Celles-ci, dans le fonctionnement d'une institution aussi considérable, sont inévitables, mais n'en choquent pas moins celui qui les constate.

Le gaspillage constaté par le soldat aura toujours une répercussion fâcheuse sur son moral. Il doit être supprimé et réprimé par la haute direction militaire.

Quand les chefs ne veillent pas sur le patrimoine national avec le même souci constant que sur leurs propres biens, quand ils dépensent sans compter sous prétexte que leur bourse personnelle n'est pas en jeu, quand ils commencent par s'attribuer en tout les premiers avantages, l'armée est perdue si le haut commandement ne fait pas rapidement table rase de tous ceux qui la dirigent aussi ignoblement.

### I. — Vie d'arrière-front.

La guerre de stabilisation permet à certaines causes de dépression morale de se développer et de s'implanter dans les endroits où séjourne l'armée.

En quittant la tranchée, le soldat revient au cantonnement dans la zone d'arrière-front. Il s'y retrouve mélangé à la population civile. Cette dernière, au point de vue social, est composée de deux catégories de gens : les uns, campagnards originaires des localités mêmes, y cultivent la terre et sont utiles comme éléments de rapport; les autres, pour la plupart immigrés, y exercent la profession de commerçants. Les cabarets, dans cette zone deviennent, immédiatement, des plus nombreux. A quelques très rares exceptions près, on peut dire que toutes les maisons débitent clandestinement des boissons. L'âpreté au gain, un peu partout, ne connaît rapidement plus de borne et, au point de vue moral, l'argent y a souvent tout à dire.

A l'exclusion des agriculteurs, nécessaires à la production de la terre, le restant de l'élément civil y est non seulement inutile mais devient une cause de démoralisation de l'armée par l'exploitation éhontée dont le soldat est victime et par la dépravation qui y sévit.

Certes, des mesures sévères peuvent être prises pour supprimer les abus, les unes réglementant les prix de vente, d'autres cherchant à endiguer le flot de l'immoralité en évacuant tout ce qui est de prostitution clandestine. Mais elles sont loin de pouvoir tout atteindre et, du fait même, elles sont insuffisantes.

L'argent étant le grand facteur d'amusement, ceux qui en possèdent davantage, c'est-à-dire les gradés, sont le plus à même d'être tentés, de déchoir et de donner alors le plus mauvais exemple.

Au point de vue moralité, la plupart des soldats étant mariés, les atteintes au respect de la dignité familiale les dépriment toujours moralement.

Des causes de rivalité, de jalousie, de désaccord entre les hommes, peuvent aussi en résulter. Le soldat qui n'a guère d'argent, et dont les libertés sont moins grandes, perçoit certaines différences de façon trop sensible.

Le cabaret est, en général, un endroit pernicieux pour le moral de l'homme. Sous l'influence de la boisson, on y discute trop librement les questions militaires. C'est là souvent, dans la promiscuité et l'échauffement des esprits par l'alcool, que l'indiscipline prend naissance.

L'observation directe des faits contrôle ces assertions. Il n'a jamais été constaté que le soldat devenu pilier de cabaret, que l'officier qui sable le champagne dans des endroits plus ou moins louches de la zone d'arrière-front, ont fait montre de qualités supérieures par rapport à ceux qui maintiennent intacte leur dignité personnelle.

### ALCOOL.

L'alcool à haute dose et provoquant l'ivresse est un facteur de déchéance à la fois physique et morale.

L'alcoolisme aigu ravale l'homme, au point de vue psychique, au-dessous de la bête. Il lui enlève tous ses sentiments nobles, obscurcit son intelligence et le livre souvent à l'influence de passions mauvaises, funestes tant pour sa santé physique que pour sa dignité morale. S'il est soldat, l'ivresse annihile souvent la conscience du respect des devoirs militaires; elle soustrait l'homme au pouvoir de ses chefs.

Outre le danger que la boisson peut comporter pour l'alcoolique même, celle-ci devient une source de scandales, de désordres et parfois aussi de dangers pour ceux qui sont autour de lui.

L'alcoolisme chronique chez le soldat est une des influences les plus pernicieuses pour sa force morale. Il brise en lui toutes les cordes sensibles, avilit l'homme, tue son âme, détruit tous ses sentiments nobles. L'ivrogne invétéré est un être qui se dégrade et finit par ne plus avoir de dignité personnelle. S'il est chef, son triste exemple sera, en plus, nuisible pour ses subordonnés, qui ne tarderont pas à lui retirer toute considération.

Vis-à-vis du soldat ivre, il n'y a momentanément rien à faire que de lui laisser cuver sa boisson. On doit se borner à le mettre en sûreté pour éviter le scandale qu'il cause et prévenir tout danger. Jamais il ne faut essayer de raisonner avec lui; en ce moment, il est tout à fait inconscient. Quand il sera redevenu normal, si la faute n'est que passagère, il faudra employer la remontrance, chercher à le ramener par le raisonnement, essayer de lui faire abandonner sa funeste passion.

Si, par des récidives multiples, il est démontré qu'il n'y a plus rien à obtenir, que le poison a détruit toutes les cordes sensibles, tous les sentiments nobles; si le soldat, surtout, est devenu un indigne, il faut alors employer la contrainte et sévir. Si, malgré tout, celle-ci ne donne pas de résultats appréciables, le chef devra éliminer impitoyablement; l'alcoolique invétéré est un être dangereux qui ne peut demeurer dans les rangs de l'armée.

*Emploi de l'alcool comme excitant momentané.* — Vis-à-vis d'un danger imminent, de la mort à braver, l'alcool est parfois employé à dessein par les chefs pour annihiler l'effet de certaines causes de dépression morale qui pourraient influencer le soldat. Il supprime chez le combattant le sentiment de la peur au moment où il doit risquer sa vie.

Cette façon de procéder est mauvaise. Pour réussir dans ce sens, il faut tout d'abord que le coup à donner soit de très courte durée, sinon, au bout de peu de temps, l'effet produit sera inverse de celui que l'on aura voulu obtenir. Physiologiquement, il est démontré qu'à la période d'excitation déterminée par l'alcool, succède toujours une dépression physique durant laquelle l'homme est de beaucoup inférieur à ce qu'il aurait été normalement.

L'ivresse, en outre, enlève au combattant ses facultés, elle obscurcit son intelligence, elle le prive de la plupart de ses moyens d'action. Son esprit d'observation, son initiative, si utiles en présence du danger, deviennent nulles. Si le soldat est rendu plus audacieux, plus téméraire, il est, par contre, moins prudent et s'expose davantage. En conséquence, les pertes sont toujours plus grandes.

En outre, les hommes qui ont bu ne sont plus en main de leurs chefs, la cohésion cesse d'exister et les ordres donnés sont mal exécutés.

Si, grâce au coup d'audace, la troupe est arrivée au résultat voulu, durant la dépression physique qui succède rapidement à la période d'excitation, elle n'aura plus l'énergie nécessaire pour exploiter le succès, poursuivre l'ennemi ou assurer la défense de la position conquise. Certes, d'autres soldats pourront les remplacer, mais les premiers n'en seront pas moins devenus des éléments inutiles qui auraient pu, tout autrement, donner encore un certain rendement.

En laissant, au contraire, l'homme tout à fait normal. même devant un risque de mort très grand, il pourra jouir de toutes ses facultés et mettre à profit tous les avantages que lui indiquera son intelligence restée vive. Il conservera intacte toute sa puissance d'action, il restera dans la main de son chef un instrument autrement maniable et utile.

Un facteur moral s'impose également pour faire délaisser cette façon d'agir. L'homme doit rester digne partout. Pour qu'il en soit ainsi, il faut qu'il reste toujours conscient de lui-même. L'alcool le prive de ses sentiments nobles.

Des faits de ce genre ont été souvent observés durant la dernière guerre, surtout chez les soldats allemands.

Certaines unités, sacrifiées par le haut commandement, furent souvent lancées, préalablement grisées par l'alcool. Presque toutes sont allées se faire massacrer stupidement.

Il nous a été donné de constater le fait. Une troupe allemande, chargée d'une mission dangereuse, avait bu avant de l'entreprendre. Elle vint se faire anéantir complètement à la suite d'une imprudence tactique, que le plus ignorant des soldats n'aurait pas commise en étant de sang-froid. Les quelques survivants, dont l'officier, transportés au poste de secours de première ligne, sentaient l'eau-de-vie à deux pas.

Combien de fois aussi n'a-t-on pas vu des soldats ivres commettre des atrocités sans nom, en massacrant les blessés, en tuant leurs prisonniers ou en se livrant sur des non-combattants aux actes les plus ignobles!

× ×

L'alcool, utilisé sciemment dans une armée en campagne, ne peut donc être employé que pour soutenir momentanément, dans un délai très court, quand la fatigue épuise et qu'il est nécessaire de donner un dernier coup de collier.

Jamais il ne doit être employé pour exciter le soldat vis-à-vis de l'ennemi.

### RÉPERCUSSION DU MORAL DE L'ARRIÈRE SUR LES SOLDATS DU FRONT.

L'influence du moral des populations civiles de l'arrière se répercute d'une façon manifeste sur celui des soldats de l'avant. Il est en partie rendu et exprimé dans la presse, dont les journaux quotidiens arrivent au front. Les querelles politiques, les dissensions intestines, la lassitude du pays s'y révèlent malgré toutes les interdictions de la censure.

Durant la dernière guerre, les campagnes défaitistes, menées dans certains pays de l'Entente, ont suffisamment prouvé leur influence néfaste sur le moral du combattant.

En outre, dans les guerres de longue durée, le soldat retourne périodiquement en congé à l'arrière. S'il trouve là-bas les siens découragés, s'il se rend compte qu'à l'intérieur du pays le moral s'affaiblit, au lieu de retremper son énergie dans l'entourage de sa famille, il reviendra à son unité complètement désemparé.

Le moral de l'arrière a donc une répercussion considérable sur le soldat en campagne. Il faut veiller à ce qu'il reste toujours aussi intact, inébranlable que celui de l'avant.

### J. — Manifestations militaires.

Certaines manifestations militaires exaltent l'enthousiasme du soldat et stimulent l'énergie de sa force morale. Parmi celles-ci, le culte du drapeau, les cérémonies de remise de décorations, la célébration des fêtes patriotiques, les revues de division d'armée, y concourent puissamment.

#### CULTE DU DRAPEAU.

Le culte du drapeau est de toutes les manifestations militaires celle qui contribue le plus à faire vibrer l'âme du soldat, à exalter ses sentiments patriotiques et à affermir son moral.

Le drapeau est pour le combattant l'emblème sacré, le symbole de la patrie emporté au-devant de l'ennemi. C'est l'insigne d'honneur qui synthétise tout le pays sous sa forme concrète et tangible. Dans ses plis flotte l'âme de la nation, avec toutes ses aspirations, ses joies et ses tristesses. Il rappelle et les jours sombres et les moments d'allégresse. C'est l'évocation de toutes les épopées; c'est le souvenir, c'est le témoin de toutes les gloires passées. C'est toute l'histoire du régiment, c'est la mémoire de tous les braves tombés autour de lui. Il porte, inscrits en lettres d'or, les noms des batailles où il s'est déployé sur les champs d'héroïsme. C'est aussi, pour le soldat, tout le devoir dans le présent et toutes les espérances dans l'avenir. Devant lui, il a juré fidélité.

Sa vue inspire l'amour et le respect. Quand il se présente à la troupe, encadré de sa garde d'honneur, pour lui les clairons sonnent, le soldat présente les armes, le civil se découvre, les cœurs tressaillent, tous les yeux s'humectent, toutes les âmes s'exaltent.

Au combat, il stimule les courages, galvanise le soldat, rend capable de tous les héroïsmes, de tous les dévouements, de tous les sacrifices. C'est avec lui que le combattant s'élance sans se soucier du danger; c'est autour de lui, quand il est menacé, que les soldats se groupent et meurent plutôt que de l'abandonner.

C'est lui aussi qui accompagne la dépouille mortelle du brave tombé au champ d'honneur.

Tous ceux qui ont servi, ceux surtout qui l'ont vu déployé au-devant de l'ennemi, ont connu ces moments pathétiques, ces frissons d'âme faisant tressaillir jusqu'au plus profond de l'être, tout en portant à l'exaltation la plus extrême le sentiment d'amour et de dévouement à la patrie.

Les manifestations au drapeau sont de puissants moyens d'entretenir, de développer, d'exalter la force morale du soldat en campagne. Dans les moments propices, appropriés aux circonstances, il faut savoir les employer.

En tous temps, il faut enseigner au soldat tout ce que le drapeau représente pour lui. Il faut lui apprendre à le respecter, à l'honorer, à l'aimer. C'est ainsi que, plus tard, quand ce sera nécessaire, inconsciemment on lui aura appris du fait même à savoir se sacrifier pour lui.

### REMISE DES DÉCORATIONS MILITAIRES.

L'honneur est un des sentiments auxquels le soldat est le plus sensible. Quand il s'est dévoué, qu'il a accompli un acte héroïque ou versé son sang pour la patrie, il est heureux et fier. La citation à l'ordre de l'armée, l'obtention d'une décoration militaire sont pour lui des récompenses méritées.

Son émotion est intense quand, devant la troupe qui présente les armes, au son de l'hymne national, son général lui épingle sur la poitrine la croix des braves.

Le sacrifice qu'il a fait de sa personne lui semble alors léger en comparaison de la récompense accordée. Ses sentiments s'exaltent, son courage redouble, son dévouement ne connaît plus de borne, sa force morale devient désormais inébranlable.

Ses compagnons, autour de lui, sont également stimulés par l'exemple.

### CÉLÉBRATION DES FÊTES NATIONALES.

La célébration des fêtes nationales, la commémoration des

dates patriotiques exaltent chez le soldat le sentiment d'amour de la patrie. Elles lui rappellent tout le passé glorieux de la nation, elles l'invitent inconsciemment à s'en montrer toujours digne.

## REVUES MILITAIRES.

Les revues militaires, les défilés impressionnants démontrent objectivement au soldat, par le déploiement des forces matérielles, la capacité d'action de l'armée. La puissance imposante de la masse affermit sa confiance.

# CHAPITRE IV.

## CONCLUSIONS.

Les conclusions que nous devons tirer de cette étude découlent de l'analyse même des faits.

### I. — De l'officier en général.

Pour savoir maintenir, exalter et exploiter au summum la force morale innée que possède le soldat en entrant en campagne, une condition première est essentielle : le gradé, à quelque rang de la hiérarchie militaire qu'il appartienne, devra posséder la notion exacte, la connaissance approfondie de l'élément qu'il est appelé à diriger.

Pour être un bon éducateur, un vrai conducteur d'hommes, l'officier doit, avant tout, être un psychologue capable d'observer, d'étudier, d'analyser le caractère de ses soldats. Il doit pouvoir découvrir les qualités, les points faibles, les défauts inhérents à chacun. Il doit savoir interpréter les réactions particulières à l'individu et propres à la masse générale, se rendre compte des adaptations individuelles et déduire des résultats obtenus les règles de sa conduite ultérieure. Ce n'est qu'armé de ces connaissances essentielles qu'il pourra obtenir un rendement complet.

Commander est une science, mais c'est aussi un art. C'est une science par l'acquisition des données nécessaires à l'orientation générale; c'est un art dans l'application de chacune d'elles à chaque cas particulier.

Chaque homme diffère de son semblable. L'art dans le commandement consiste à obtenir avec tous, malgré la diversité des caractères, le résultat identique qui doit homogénéiser la masse. Il ne suffit pas d'avoir des connaissances théoriques, il faut savoir y joindre l'esprit d'observation, d'analyse, de déduction. Il faut, de plus, y ajouter pratiquement ce doigté spécial qui fait du chef un expert consommé.

Commander est une chose des plus difficiles et des plus
délicates, car on doit s'adresser à la partie la plus sensible
de l'être humain, c'est-à-dire à son âme. Vouloir le faire
sans connaître cette âme, c'est être l'aveugle inexpérimenté,
marchant droit devant lui, sans guide et sans savoir où il
va. Le chef agit de même quand, pour remplir sa mission, il
ne voit que les principes d'un règlement et des individus à
qui ils doivent être uniformément appliqués.

Tout comme l'aveugle imprudent va au-devant d'un accident fatal, ainsi l'officier qui dirige l'homme sans le connaître n'obtient jamais que des résultats incomplets ou mauvais. Il arrivera toujours à brusquer, à froisser, à blesser
cette chose sensible qui est l'âme du soldat. C'est pour ce
motif que le gradé, qui respecte la dignité de sa fonction, et
qui veut donner son maximum de rendement, doit étudier
la psychologie de l'homme qu'il est appelé à diriger. Il faut
qu'il la connaisse dans ses manifestations d'ensemble, c'est-
à-dire dans la masse, et dans ses réactions particulières propres à chaque individu. Les deux sont absolument nécessaires. L'analyse collective s'impose pour la direction générale
de l'unité; la connaissance individuelle approfondie est obligatoire pour la conduite personnelle du soldat. L'officier
doit savoir manier l'instrument dans l'ensemble, mais posséder aussi toutes les notions concernant le détail du mécanisme.

× ×

Les lois, les règlements sont édictés uniformes et il ne
peut en être autrement. Mais, intellectuellement et moralement, tous les soldats ne sont pas identiques. Les uns ont
une culture élevée, d'autres sont ignorants. Comme tempérament, il en est d'énergiques, d'autres sont mous de caractère. Les uns sont animés de sentiments nobles, les autres guidés surtout par l'égoïsme. Selon l'état psychique et
moral des percipients, les réactions provoquées par une
même cause seront dissemblables. Les résultantes différeront
aussi.

Dans la formation individuelle de ses hommes, le chef

Commander est une chose des plus difficiles et des plus délicates, car on doit s'adresser à la partie la plus sensible de l'être humain, c'est-à-dire à son âme. Vouloir le faire sans connaître cette âme, c'est être l'aveugle inexpérimenté, marchant droit devant lui, sans guide et sans savoir où il va. Le chef agit de même quand, pour remplir sa mission, il ne voit que les principes d'un règlement et des individus à qui ils doivent être uniformément appliqués.

Tout comme l'aveugle imprudent va au-devant d'un accident fatal, ainsi l'officier qui dirige l'homme sans le connaître n'obtient jamais que des résultats incomplets ou mauvais. Il arrivera toujours à brusquer, à froisser, à blesser cette chose sensible qui est l'âme du soldat. C'est pour ce motif que le gradé, qui respecte la dignité de sa fonction, et qui veut donner son maximum de rendement, doit étudier la psychologie de l'homme qu'il est appelé à diriger. Il faut qu'il la connaisse dans ses manifestations d'ensemble, c'est-à-dire dans la masse, et dans ses réactions particulières propres à chaque individu. Les deux sont absolument nécessaires. L'analyse collective s'impose pour la direction générale de l'unité; la connaissance individuelle approfondie est obligatoire pour la conduite personnelle du soldat. L'officier doit savoir manier l'instrument dans l'ensemble, mais posséder aussi toutes les notions concernant le détail du mécanisme.

× ×

Les lois, les règlements sont édictés uniformes et il ne peut en être autrement. Mais, intellectuellement et moralement, tous les soldats ne sont pas identiques. Les uns ont une culture élevée, d'autres sont ignorants. Comme tempérament, il en est d'énergiques, d'autres sont mous de caractère. Les uns sont animés de sentiments nobles, les autres guidés surtout par l'égoïsme. Selon l'état psychique et moral des percipients, les réactions provoquées par une même cause seront dissemblables. Les résultantes différeront aussi.

Dans la formation individuelle de ses hommes, le chef

# CHAPITRE IV.

### CONCLUSIONS.

Les conclusions que nous devons tirer de cette étude découlent de l'analyse même des faits.

### I. — De l'officier en général.

Pour savoir maintenir, exalter et exploiter au summum la force morale innée que possède le soldat en entrant en campagne, une condition première est essentielle : le gradé, à quelque rang de la hiérarchie militaire qu'il appartienne, devra posséder la notion exacte, la connaissance approfondie de l'élément qu'il est appelé à diriger.

Pour être un bon éducateur, un vrai conducteur d'hommes, l'officier doit, avant tout, être un psychologue capable d'observer, d'étudier, d'analyser le caractère de ses soldats. Il doit pouvoir découvrir les qualités, les points faibles, les défauts inhérents à chacun. Il doit savoir interpréter les réactions particulières à l'individu et propres à la masse générale, se rendre compte des adaptations individuelles et déduire des résultats obtenus les règles de sa conduite ultérieure. Ce n'est qu'armé de ces connaissances essentielles qu'il pourra obtenir un rendement complet.

Commander est une science, mais c'est aussi un art. C'est une science par l'acquisition des données nécessaires à l'orientation générale; c'est un art dans l'application de chacune d'elles à chaque cas particulier.

Chaque homme diffère de son semblable. L'art dans le commandement consiste à obtenir avec tous, malgré la diversité des caractères, le résultat identique qui doit homogénéiser la masse. Il ne suffit pas d'avoir des connaissances théoriques, il faut savoir y joindre l'esprit d'observation, d'analyse, de déduction. Il faut, de plus, y ajouter pratiquement ce doigté spécial qui fait du chef un expert consommé.

× ×

Si l'état d'âme, les réactions psychologiques des combattants sont différentes de celles du soldat du temps de paix, les méthodes de direction doivent, tout au moins partiellement, être orientées également sur des bases adaptées à cette situation nouvelle.

Il est une loi absolue à laquelle rien ne peut se soustraire : celle de l'évolution universelle, progressive et constante. Ses résultantes sont fatales; elles doivent se réaliser au même titre que les lois fixes des sciences psychiques. Rien ne peut en faire changer le cours, ni en dévier l'orientation; rien ne peut y déroger sans devenir anormal. L'évolution sociale y est assujettie, et le monde militaire qui fait partie de la société doit évoluer avec elle.

L'esprit de l'homme n'est plus ce qu'il était il y a quelques siècles. Les idées ont largement progressé depuis lors; elles ont imprégné le soldat des générations actuelles de théories nouvelles, essentiellement différentes. Les méthodes de direction anciennes ne sont donc plus appropriées à notre temps; elles doivent se modifier, s'adapter, se conformer à l'état d'esprit nouveau.

Dans le cas opposé, elles entreraient fatalement en conflit avec la mentalité actuelle de la masse et provoqueraient des réactions funestes à l'intérêt général.

C'est de cette seconde vérité psycho-sociologique que doit s'imprégner tout gradé qui commande dans une armée en campagne.

× ×

Pour que l'officier soit réellement à la hauteur de sa situation, il ne suffit pas qu'il soit doué d'un bon esprit d'observation et d'analyse, qu'il possède à fond la connaissance des réactions psychologiques de la masse et du soldat individuellement, il est nécessaire qu'il puisse y joindre d'autres qualités morales essentielles qui feront de lui un modèle de perfection.

Pour faire porter des fruits à son enseignement, il faut

que, pratiquement, des faits matériels et tangibles contribuent auprès du soldat à renforcer l'élément théorique. L'exemple sera son aide le plus puissant. Les chefs le donneront par la dignité de leur conduite personnelle. Plus ils seront haut placés, plus cette obligation morale s'imposera pour eux.

Le gradé devra toujours se montrer juste, droit, impartial avec tous; il possédera le tact, le doigté nécessaires pour conduire ses hommes sans les brusquer; il aura le respect de la personnalité du soldat. Il sera bon pour ses subordonnés, de cette bonté communicative et paternelle, indulgente mais ferme, sachant tout à la fois protéger, réconforter, corriger et sévir. Il saura aimer ses soldats, les traiter avec douceur, les raisonner et n'employer la contrainte que lorsque celle-ci deviendra absolument nécessaire. Il devra savoir mettre à l'aise ses soldats, leur donner confiance, leur faire sentir qu'ils ont devant eux un protecteur, un confident et un conseiller direct en qui ils peuvent avoir recours en tous temps.

Quand l'officier maintient son subordonné à distance, affecte vis-à-vis de lui une morgue hautaine, le soldat se renferme en lui-même. Lorsqu'un soldat doit rester au « garde-à-vous » physique devant son chef, il reste en même temps au « garde-à-vous » moral et ne se livre jamais. Le subordonné, de prime abord, se défend toujours moralement; quand il a confiance, il se donne tout entier.

Le gradé aura enfin conscience des responsabilités qui lui incombent et se maintiendra intellectuellement à la hauteur de la tâche qui lui est confiée. Il continuera à étudier et à se perfectionner sans arrêt. Sa conduite privée devra être exemplaire, partout, en tous lieux et en tous temps. Sa tenue, son langage, son genre de vie, ses fréquentations, ses relations seront toujours exempts de tout reproche. Par sa conduite, il devra pouvoir conquérir l'estime de tous.

Au combat, il se montrera le plus brave de tous, calme, prudent, ménager de la vie de ses hommes. Si les circonstances l'exigent, il pourra être ferme, tenace, mais dur alors pour lui-même comme pour les autres. Il donnera ainsi pleine confiance à ses subordonnés.

Partout et en toutes circonstances, l'officier devra s'assu-

jettir volontairement aux obligations morales nécessitées par son état. Il doit se convaincre que son rôle est d'enseigner aux autres par l'éducation théorique, mais aussi par l'exemple.

En campagne, le chef recréera matériellement dans l'unité la famille absente. Quand sa troupe se trouve au cantonnement, au lieu de se tenir à l'écart, il se mêlera à ses hommes. En vivant à leur contact, dans leur intimité, il apprendra à les connaître pratiquement. Il s'appliquera à refréner sans contrainte ce qui en eux est mauvais; il fera fructifier ce qu'il y trouvera de bon. Il se rendra compte de leurs besoins, s'efforcera de les aider, encouragera ceux qui faiblissent moralement, réconfortera ceux qui sont éprouvés. Aux uns, il parlera de leur famille, de leurs intérêts; aux autres, il donnera des conseils. Il consolera ceux que le malheur a frappés; le partage de la peine est un lien moral qui scelle indissolublement.

Si, dans son unité, il en est de déshérités, il saura leur rendre service et au besoin les aider personnellement.

Si un de ses hommes, blessé ou malade, est évacué dans un hôpital voisin, il ira le voir pour le réconforter et l'encourager. Partout il donnera des marques d'attention, de sympathie, de sollicitude et d'affection; elles coûtent peu et rapportent beaucoup moralement.

Quand il pourra faire plaisir à ses subordonnés, sans que l'intérêt général en souffre, il ne devra jamais hésiter. Il est nécessaire, parfois, de ne pas être absolu. Certains accommodements avec le règlement peuvent gagner un homme, lui faire aimer et respecter la discipline au lieu de la haïr. Rien n'est perdu de tout ce qui est fait à bon escient; le soldat n'est pas seulement une poitrine à pouvoir éventuellement exposer, c'est plus encore un cœur à gagner. Le chef récoltera toujours ce qu'il aura semé. L'axiome : « C'est le bon chef qui fait le bon soldat » est toujours vrai dans l'état militaire.

Malheureusement, certains officiers ont une singulière conception des rapports qu'ils doivent avoir avec leurs inférieurs. Ils croient que, en se fusionnant à la troupe, ils y perdront de leur prestige. Ils sont d'avis que, pour imposer le respect, il faut maintenir le soldat à distance. C'est là une erreur de jugement des plus préjudiciables, qui amène presque toujours l'homme, par réciprocité, au manque de considération, quand ce n'est pas au mépris de son supérieur.

Dans la voie de fraternisation, cependant, un écueil devra être évité. L'officier se tiendra en garde contre une trop grande familiarité de la part de ses hommes. Certains soldats, traités trop amicalement, pourraient prendre parfois de la latitude et se relâcher. Le prestige, l'autorité du gradé en seraient diminués grandement. Il faut donc que l'officier sache se fusionner à ses hommes, en maintenant la distance, mais sans la faire sentir. S'il possède le doigté nécessaire, il arrivera à son but en évitant les inconvénients inhérents aux moyens qu'il devra employer.

L'officier devra aussi toujours écarter les rapporteurs et les flatteurs qu'il rencontrera sur son chemin. Ces gens, dépourvus de toute dignité personnelle, sont le plus souvent sans scrupules. Leur attachement, de pure forme, est tout de circonstance et exclusivement subordonné au profit qu'ils peuvent en retirer.

× ×

Le chef sera tel s'il a conscience de la beauté, de la dignité et de la noblesse de son rôle. En sentant toute la grandeur qui se rattache à sa situation, il se rendra compte de l'élévation morale de sa fonction, noble par les buts de son institution, noble dans ses principes par les vertus qu'elle impose, noble dans les actes qu'elle est destinée à accomplir, noble dans les sacrifices qu'elle peut devoir exiger. Il comprendra tout le respect qu'il lui doit et il y adaptera sa ligne de conduite. Le sentiment d'honneur deviendra pour lui comme le corollaire, le dérivé normal de ses conceptions. Il sentira que « noblesse oblige », qu'il ne peut faillir; il s'imposera de toujours rester digne et il s'entraînera à un perfectionnement constant. Il sera alors armé de la force morale nécessaire pour conquérir et pratiquer les vertus militaires.

Quand le métier des armes amène le soldat devant sa destinée réelle, pour être capable de tout surmonter, de tout vaincre, ce ne sont plus des qualités qui lui sont nécessaires. Il faut des sentiments plus élevés, d'une portée morale supérieure; ce sont de réelles vertus qu'il doit pouvoir posséder. Ces vertus, pour le chef, seront l'amour de sa profession, la droiture, l'honneur, la moralité, le courage, la bravoure, le dévouement, l'abnégation, l'esprit de sacrifice.

× ×

Pour arriver rapidement et sûrement à capter son subordonné, c'est à son âme que l'officier devra s'adresser. Outre la force morale qu'il saura lui inculquer par l'exemple, il agira par la parole en l'éclairant, en lui enseignant la façon dont il doit se conduire.

Le soldat, dans sa généralité, n'a pas la largeur de vue du gradé. Au chef incombe le devoir de l'imiter. L'homme qui agit en automate inconscient n'est guère susceptible d'un grand rendement. Le travail commandé devient alors pour lui une fastidieuse corvée.

Par l'explication des buts à atteindre, l'officier, au contraire, fait de lui un collaborateur, il suscite son amour-propre. Son subordonné met alors toute sa bonne volonté, toute son ardeur, à satisfaire celui qui le commande.

Même dans les choses simples, l'officier doit toujours savoir en arriver au pourquoi. Avant d'apprendre au soldat à saluer, le gradé doit lui expliquer les motifs du salut militaire. En comprenant la dignité de celui-ci, il l'exécutera de toute autre façon et avec fierté.

Une armée, pour rester vaillante, énergique, décidée, a besoin de nourriture spirituelle autant que corporelle. L'institution de conférences, de causeries régulières, répondra à cette nécessité. Celles-ci doivent se rapporter à des buts précis, tout en s'adaptant aux circonstances présentes. L'effet qu'elles produiront sera d'autant plus grand qu'elles seront plus appropriées aux moments vécus. C'est la meilleure méthode à suivre pour leur faire porter efficacement tous leurs fruits. Ce n'est pas en rassemblant les hommes à jour et à heure fixes qu'on arrive à pouvoir leur pénétrer en plein cœur; dans ces conditions, la conférence devient souvent pour eux une corvée supplémentaire. Prise sur le vif, au contraire, et se rapportant à un sujet présent, elle sera toujours intéressante et plaira au soldat. Le gradé doit rechercher toutes les occasions de parler à la conscience de ses hommes.

L'officier devra pouvoir guider son choix. De grandes lignes pourront lui être données par les hauts dirigeants, mais il doit être laissé à son initiative d'adapter son programme.

Ses causeries devront être intimes, sans superfétation, à la portée de tout le monde. Le chef ne devra jamais pontifier; la causerie attire l'homme, la pontification l'éloigne. Elles devront aussi être plutôt fréquentes et courtes que trop longues et trop rares.

Les sujets à traiter découleront de l'étude même des causes qui agissent sur le moral du soldat. Ce n'est pas en venant lui parler des grands hommes de l'antiquité qu'on va l'intéresser. Il ne les connaît pas et ne s'en soucie guère. Ce n'est pas non plus en lui faisant débiter nonchalamment par un sous-officier toutes les définitions des vertus militaires, en le forçant à les apprendre par cœur qu'on va développer son énergie morale. Il faut des choses plus simples, plus naturelles, qui le touchent directement en plein cœur et font vibrer son âme. Il faudra développer au combattant, sous toutes ses formes, ce qu'est la patrie, lui inspirer son amour, réveiller tout ce qui est capable d'exalter ce sentiment. Faire sentir l'imposition de conserver intact le patrimoine ancien, l'obligation morale de le défendre contre toute agression. Montrer la nécessité de l'union intime, les dangers créés par les querelles intestines et les conséquences funestes qui en résultent. Faire comprendre l'obligation absolue de la cohésion et de la coordination de tous les efforts vers un but commun. Exposer les devoirs qui, en campagne, incombent à tous les citoyens. Développer la beauté des vertus militaires, donner les directions morales, exalter les sentiments nobles, inculquer la confiance dans les chefs, dans la force matérielle de l'armée, dans le triomphe final. Démontrer le pourquoi d'une discipline sévère, la stricte obligation de s'y conformer ponctuellement. Montrer que l'obéissance n'a rien d'asservissant ni d'humiliant, que c'est une loi commune à laquelle tout le monde est astreint. Exposer les dangers de l'insubordination, citer des exemples frappants. Faire accepter par le raisonnement la nécessité du travail, des exercices physiques, en vue du développement de l'énergie corporelle et de la formation tactique. Entretenir l'esprit de combativité par la description des torts et des dommages causés par l'ennemi. Stimuler l'amour-propre par la narration des actes héroïques. Susciter l'enthousiasme par l'exploitation des succès obtenus. Mettre le soldat en garde contre les fautes qu'il pourrait commettre inconsciemment. Engager les hommes à se soustraire aux causes de contamination multiples, à ne pas commettre d'imprudences coupables, à ne pas gaspiller inutilement leur santé en courant les cabarets et les femmes. Montrer l'obligation morale pour chacun de toujours rester digne, en respectant partout les principes du droit, en créant entre tous une grande famille où l'entr'aide est constante, où la devise « Un pour tous, tous pour un » a son application réelle partout et en toutes circonstances.

Ces causeries multiples, faites de manière intime dans la chambrée, auront une répercussion bienfaisante sur le moral du soldat. Par elles, ceux qui assument la responsabilité d'éduquer feront du combattant cet être fort par l'acceptation raisonnée, par l'élévation des sentiments et par la grandeur de son âme.

× ×

L'officier s'occupera personnellement de ses hommes; il ne peut se reposer exclusivement sur ses gradés subalternes. Commander ne se borne pas uniquement à transmettre des ordres, à voir s'ils sont exécutés et à punir tout ce qui est fautif. Cette interprétation est erronée. Il doit comprendre que son rôle est d'éduquer et non de devenir un simple intermédiaire. Sa mission est de montrer le droit chemin à ses subordonnés, de les initier et de ramener dans la bonne voie ceux qui parfois auront pu s'égarer.

× ×

Le gradé qui possédera les qualités que nous avons décrites sera toujours digne de la situation qu'il occupe. Il gagnera alors la confiance de ses hommes. Ceux-ci reconnaîtront en lui un vrai chef, se livreront tout entiers, obéiront aveuglément d'une manière passive et réflexe. Ils le suivront partout, sans arrière-pensée. Leur force morale sera toujours intacte; elle défiera les causes de dépression qui parfois pourraient l'influencer.

× ×

L'analyse psychologique que nous venons de donner s'applique à tout gradé, mais surtout à l'officier subalterne en contact immédiat et constant avec le soldat. Nous devons à présent reporter notre étude sur l'influence morale que peuvent avoir le cadre des sous-officiers et la haute direction militaire.

### II. — Cadre des sous-officiers.

L'influence du cadre des sous-officiers est également prépondérante, car elle complète l'action de l'officier sur la troupe. Elle devra agir en collaboration d'après les mêmes principes.

En assistant aux causeries données par les chefs aux soldats, en se rendant compte de la façon dont leurs supérieurs procèdent, en calquant la manière dont ces derniers se conduisent vis-à-vis de leurs hommes, ils recevront par l'exemple une instruction suffisante. Elle sera plus complète encore si le commandant s'occupe spécialement d'eux.

L'officier doit veiller à ce que sa façon de procéder soit appliquée par son cadre subalterne. Il ne doit pas risquer de voir ses efforts rester stériles ou contrecarrés par l'influence pernicieuse de mauvais éléments qui commandent en dessous de lui. Il arriverait alors que tout le bien qu'il aurait pu réaliser personnellement serait anéanti. Il devra donc, d'une façon constante, surveiller l'action de ses subordonnés et la guider selon ses propres principes.

L'officier doit prendre un soin spécial pour l'éducation de son cadre de sous-officiers. Il doit leur inculquer le sentiment de justice absolue et, plus encore qu'au soldat, ce qu'est la conscience du devoir. Il doit aussi développer en eux l'esprit d'initiative. Les supérieurs détermineront ainsi une coordination constante de tous les efforts vers un même but. Celle-ci donnera alors, par la similitude des moyens employés, un résultat d'autant plus grand que l'orientation aura été plus convergente.

Le choix du cadre subalterne devra être sévère. L'officier encourt une responsabilité très grande vis-à-vis de sa conscience et du pays quand il procède à la nomination de ses subordonnés. Il est grandement coupable quand il favorise des incapables, car il peut être cause de conséquences désastreuses dérivant de son choix malheureux.

L'officier doit s'efforcer de maintenir intacte l'influence morale du sous-officier dans l'esprit de ses hommes. En principe, il doit s'abstenir d'adresser des reproches à un gradé vis-à-vis de ses soldats. En agissant ainsi, il briserait toute la puissance d'action, l'ascendant et le prestige de celui qu'il réprimande.

### III. — Haute direction militaire.

Les qualités décrites jusqu'à présent comme étant nécessaires à l'officier subalterne devront à plus forte raison être propres aux dirigeants supérieurs. Pour pouvoir assurer une direction parfaite, en plus de la connaissance approfondie de l'homme, ces derniers devront posséder au même titre la notion exacte des réactions psychologiques de la masse.

Celle-ci, dans son ensemble, est animée d'une force morale collective, dérivée de l'association des énergies psychiques individuelles. Dans ses grandes lignes, cette force évolue selon les mêmes causes et d'après les mêmes lois influençant le moral du soldat; mais ses effets sont autrement puissants et en raison directe du nombre de la collectivité. Les conséquences qui peuvent en résulter, selon leur orientation, sont susceptibles de mener directement à la victoire ou au désastre complet.

Ce sont ces réactions collectives que les hauts dirigeants doivent pouvoir saisir et interpréter pour être à même de les gouverner, de les exploiter ou de les réfréner. Dans les mesures qu'ils sont appelés à édicter, ils devront donc toujours prévoir la répercussion qu'elles auront sur le moral de la collectivité de l'armée. Ce premier point est essentiel et doit primer tous les autres.

Quand une influence morale atteint un individu isolé, son action reste limitée à sa personnalité. Quand cette même cause réagit sur la masse, ses résultantes sont en proportion directe du nombre de ceux sur qui elle détermine ses effets. L'erreur d'un gradé subalterne reste locale à l'unité qu'il commande; commise par un officier supérieur, elle se répercute sur la généralité de l'armée et peut entraîner des conséquences désastreuses. L'influence morale de la haute direction militaire est souvent décisive sur l'issue de la guerre.

Notre étude se bornant à l'analyse psychologique des causes qui réagissent sur le moral du soldat en campagne, c'est donc d'elles seules que nous nous occuperons en examinant les conditions dans lesquelles les dirigeants militaires peuvent l'influencer.

Dans l'orientation des mesures générales qu'ils doivent édicter, tous leurs efforts doivent tendre à entretenir, à développer, à exalter le moral du combattant. En s'appliquant à le rendre ferme, inébranlable, capable de résister à tout, ils auront en leur possession des troupes enthousiastes, animées d'une ardeur combative intense, confiantes dans la victoire et résolues à se sacrifier entièrement plutôt que de ne pas s'assurer le triomphe complet.

Si, au contraire, par leur incompétence ou leur incurie, ils laissent péricliter l'énergie morale de l'armée, la défaite sera bientôt la conséquence fatale de leur mauvaise direction. Une armée démoralisée sera rapidement vaincue, et sa démoralisation sera due presque toujours à l'insuffisance des chefs qui la commandent.

× ×

Tout comme les officiers subalternes, les hauts dirigeants doivent s'inspirer de la transformation qui s'est opérée dans la masse de l'armée au point de vue psychique et résultant de la différenciation produite par l'entrée en ligne des soldats rappulés. Les charges de famille de la plupart d'entre eux devront être l'objet de leurs préoccupations constantes. Le soldat qui sait la subsistance des siens assurée se donnera beaucoup plus librement.

Le patriotisme étant l'une des sources essentielles de la force morale, ils veilleront à exalter ce sentiment. Les fêtes patriotiques, les dates commémoratives des batailles leur donneront cette occasion. Ils devront écarter toutes les causes d'altération de ce sentiment noble. L'institution de conférences régulières sera d'un grand appui pour réaliser ces divers buts.

Ils inspireront au soldat une confiance absolue dans le triomphe final en lui rendant tangible la capacité d'action de l'armée. Ils affermiront cette conviction par l'exploitation des avantages obtenus sur l'ennemi, en provoquant des succès répétés par des actions locales multiples. Ils entretiendront une cohésion parfaite entre tous les éléments de la troupe en évitant de rompre les liens moraux par des mesures arbitraires. Ils veilleront à ce que les cadres soient composés d'éléments compétents, doués des qualités nécessaires pour donner pleine confiance à leurs subordonnés. Ils sauront se montrer implacables dans l'élimination de ceux qui ne seraient pas dignes de la mission qui leur est confiée.

La haute direction doit savoir faire régner partout une justice absolue et supprimer les grandes causes de perturbation morale dues à la partialité, en édictant des mesures claires, précises dans leurs buts, ne pouvant donner lieu à interprétation particulière.

Pour arriver à produire un rendement maximum, les hauts dirigeants devront savoir utiliser chacun selon ses compétences, ses aptitudes, son intelligence et ses capacités. Ils éviteront ainsi de gaspiller inutilement des énergies dans des directions contraires et récupéreront un maximum de forces avec un minimum de moyens. Leurs méthodes d'éducation et de direction devront être orientées suivant des données appropriées à la mentalité du combattant; elles seront adaptées au degré d'évolution sociale contemporaine. Ils devront aussi tenir compte des qualités particulières de la race.

En campagne, l'esprit de combativité devra être entretenu dans la troupe d'une façon constante; les repos sans contact de l'ennemi ne pourront être trop prolongés. Le désœuvrement du soldat sera toujours préjudiciable à son moral.

Quand la nécessité n'existera pas, ils éviteront cependant de surmener les hommes physiquement. Quand le soldat se trouve devant l'ennemi, il comprend que l'obligation s'en impose et il accepte allégrement l'effort prolongé qu'on attend de lui. Mais il n'en est plus de même quand il se trouve à l'arrière-front et qu'il se rend compte de l'inutilité de certains exercices. Ceux-ci deviennent alors de pénibles corvées qui le dépriment moralement.

Des récompenses, des distinctions honorifiques, largement mais judicieusement décernées, devront rétribuer le courage et le dévouement du soldat.

La haute direction, pas plus que l'officier subalterne, ne doit se montrer intransigeante sur l'application de certains règlements. Tant que les infractions ne peuvent nuire à l'intérêt général, elle doit savoir parfois les tolérer volontairement si elles procurent au soldat une satisfaction morale ou un supplément de bien-être.

Les dirigeants devront par-dessus tout, dans une guerre de stabilisation et de longue durée, assurer le confort matériel du soldat, préserver sa santé contre les causes de contamination et lui procurer les distractions nécessaires. Tous leurs efforts devront tendre à réaliser cet idéal ancien du *Mens sana in corpore sano.*

La privation de la famille étant une cause de dépression morale, inévitable dans son essence même, celle-ci, par l'initiative et le bon vouloir des chefs, pourra être grandement combattue. Le rôle de l'officier subalterne est de reconstituer un milieu familial au sein de l'unité; celui des hauts dirigeants sera de s'occuper de la partie matérielle contribuant à la réalisation de cet idéal. Ces derniers pourront le faire par les mesures générales qu'ils édicteront pour le confort, le bien-être et les distractions de la troupe.

La facilité des correspondances postales, la délivrance des congés de repos sont des moyens importants d'entretenir le moral du soldat. Ils permettent à celui-ci d'être en rapport constant avec les siens et d'aller périodiquement se retremper auprès d'eux. Ceux qui sont isolés de leur famille peuvent tout au moins changer ainsi de temps en temps de milieu. A tous, les permissions procurent la détente nécessaire. Mais pour qu'elles ne soient pas un sujet de troubles dans l'unité, les dirigeants devront veiller à ce qu'elles soient délivrées selon un juste tour de roulement.

Au cantonnement, le soldat devra trouver le maximum relatif du confort; sa vie y sera rendue le plus agréable possible. C'est à la haute direction militaire à pourvoir sur place à l'honnête distraction du soldat.

Beaucoup a été fait dans ce sens durant la dernière guerre, mais le summum de ce qui aurait dû être atteint n'a pas été réalisé. Il a été institué des cantines militaires, des salles de récréation, de lecture, des bibliothèques divisionnaires. Ces créations étaient des innovations heureuses, permettant à l'homme de s'occuper utilement ou de se divertir dans ses moments de repos. Mais ces salles communes étaient malheureusement trop peu nombreuses. Elles n'existaient que par groupement et la majorité des soldats en étaient trop souvent éloignés. Dans une guerre de stabilisation, où les unités sont toujours cantonnées aux mêmes endroits, chacune d'elles devrait posséder son baraquement de récréation. Le prix de revient en serait bien minime à côté de toutes les autres dépenses; les avantages moraux qu'on en retirerait compenseraient largement. Cette création aurait l'avantage de retenir au sein de l'unité la plupart de ceux qui s'en éloignent parce qu'ils ne trouvent rien au cantonnement qui puisse les divertir.

Tous les soldats ne sont pas des intellectuels; un certain nombre sont même tout à fait illettrés. Beaucoup ne peuvent jouir de la satisfaction de lire un livre scientifique, un roman amusant ou les journaux quotidiens. Ils ne profitent donc pas de certaines créations, telles que les bibliothèques divisionnaires.

Pour remédier à cet inconvénient, les dirigeants devraient fournir aux salles de lecture des illustrés décents qui, tout au moins par leurs images, leurs reproductions photographiques, pourraient intéresser l'illettré.

Le soldat n'est guère riche. Les deux sous qu'il doit donner pour acheter un journal sont presque la moitié de sa solde. Il aime cependant lui aussi connaître les nouvelles du jour. Il faut l'aider en mettant à sa disposition les quotidiens ordinaires. Il est possible aux officiers de contribuer à cette réalisation sans que cela leur coûte. Au lieu de laisser traîner leurs journaux dans les mess, il serait préférable de les envoyer dans les chambrées des hommes ou mieux encore dans les salles de lecture. Le soldat s'habituerait ainsi à se rendre dans ces lieux de récréation et finirait par contracter de lui-même l'habitude salutaire de passer au cantonnement toutes ses heures de repos.

Des jeux, des concours ont été aussi institués anciennement à l'arrière-front. Ils permettaient aux hommes d'assister à des fêtes sportives. Celles-ci développaient physiquement ceux qui y participaient et elles récréaient tout le monde. Ces fêtes cependant ne donnaient pas tout le rendement qu'elles auraient pu réaliser, car elles ne permettaient qu'à une seule catégorie, aux types sportifs, d'y prendre part. La grande masse en était écartée de par la spécialisation même des jeux. A côté de ceux-ci, il aurait dû être créé toute une série d'autres concours plus simples, plus populaires et auxquels tous les soldats auraient pu participer. Les jeux doivent toujours être variés, proportionnés à l'âge et au tempérament. Pour les jeunes, des exercices violents et de plein air : escrime, lutte, foot-ball, pelote, sauts, courses, tractions de corde, entretenant leur vigueur physique et faisant dépenser leur excès de puissance. Pour les plus âgés, des jeux plus calmes : cartes, loto, dominos, flèches. Pour tous, des récréations amusantes et honnêtes : chansons, concours de mensonges, etc.

S'il avait pu en être ainsi, le grand nombre et la diversité des jeux auraient permis à chacun d'y prendre part. Tous les soldats se seraient amusés honnêtement, la fusion serait devenue plus complète, la bonne camaraderie se serait établie entre tous et la grande famille militaire aurait eu plus de consistance et beaucoup plus de cohésion.

Les dirigeants doivent veiller à ce que les jeux d'argent, tant pour les officiers que pour les simples soldats, ne s'introduisent pas au cantonnement, car ils amènent toujours des querelles et des troubles dans l'unité. Le jeu n'est plus un amusement quand l'appât du gain entre en ligne de compte. Des mesures doivent être prises pour les rendre impossibles.

Les fêtes entre les différentes unités sont aussi très utiles. Leur programme doit comporter des chansons, des monologues, de petites pièces de théâtre ou des revues du front. C'est un des bons moyens de divertir le soldat dans ses moments de repos.

Des instruments populaires de musique devraient aussi être distribués aux soldats.

La vie ainsi créée au cantonnement deviendrait, en campagne, beaucoup plus attrayante. Elle retiendrait l'homme à l'unité et l'empêcherait de traîner dans les cabarets de l'arrière. Le désœuvrement pernicieux disparaîtrait ainsi que ses conséquences funestes pour le moral du soldat.

Les questions d'hygiène doivent aussi préoccuper la haute direction militaire. La santé est nécessaire au moral du soldat. Il est essentiel en tous temps de redoubler de vigilance sur ce point.

Dans le même ordre d'idées, des mesures de protection efficaces et multiples doivent être créées pour protéger les hommes contre les moyens de destruction employés par l'ennemi.

Le ravitaillement doit également être assuré d'une manière parfaite, même dans les choses superflues. Un homme bien nourri aura toujours un moral plus parfait. La création de nombreux jardins militaires est d'une nécessité absolue, car la densité des troupes au front ne permet pas toujours de trouver dans le commerce les légumes frais indispensables pour varier le menu. Les potagers de l'armée, s'ils sont suffisants, pourront parer à tout.

Enfin, des mesures de préservation absolue doivent toujours être prises contre les causes d'altération du moral, provenant de l'élément civil mélangé à la troupe.

Dans une guerre de stabilisation, tout ce qui est armée de campagne devrait occuper une zone d'arrière-front, d'une épaisseur relative, dans laquelle elle devrait rester seule, en y tolérant exclusivement les indigènes qui y cultivent la terre. Tous les autres civils, vivant de l'exploitation du soldat, devraient en être exclus. Leur inutilité est prouvée. Tout ce qu'ils vendent peut être procuré par l'armée. Il suffirait, pour cela, de multiplier les magasins militaires et de les munir de tout ce qui est nécessaire à la vie du front. Soutenir le contraire serait taxer l'intendance d'incapacité ou d'incurie. Le soldat ne serait plus scandaleusement exploité, comme il le fut durant la dernière guerre.

Du fait de l'évacuation des civils inutiles dans la zone d'arrière-front, d'autres causes de démoralisation disparaîtraient aussi. Les soldats ne traîneraient plus dans les nombreux cabarets de l'endroit; beaucoup de scandales seraient évités; les causes d'indiscipline seraient moins nombreuses et les hommes demeureraient à l'abri de multiples contaminations. En restant dans leurs cantonnements, ils seraient, en outre, mieux tenus en main par leurs gradés. Cette exclusion réduirait aussi en grande partie le danger de l'espionnage au profit de l'ennemi.

L'alcoolisme devrait également être combattu à outrance. On aura beau interdire l'entrée des spiritueux dans les cantonnements, ces mesures seront toujours insuffisantes de par le ravitaillement civil clandestin. Elles obtiendraient un effet radical par la réalisation des mesures préconisées précédemment. Les hauts dirigeants doivent se montrer draconiens, impitoyables et d'une sévérité outrée, contre les pourvoyeurs d'alcool qui ruinent physiquement et moralement la santé des soldats.

Des mesures sévères doivent aussi être prises contre les propagateurs de fausses nouvelles.

Tel est le rôle de la haute direction militaire.

× ×

En combattant toutes les causes d'affaiblissement moral, en luttant contre les défauts inhérents à la nature même de l'homme, en exaltant l'influence bienfaisante de ses sentiments nobles, en inspirant une confiance absolue dans le triomphe final, on donnera au soldat en campagne une force morale solide, inébranlable, invincible. Cette énergie psychique lui permettra alors de tenir ce quart d'heure de plus que l'adversaire, c'est-à-dire de s'assurer la victoire complète.

× ×

Nos idées ne sont point neuves. La plupart d'entre elles ont été réalisées pratiquement. Beaucoup d'autres ont été émises par tous ceux qui se sont donné la peine d'observer.

Durant la dernière guerre, nous n'avons eu connaissance d'aucune publication traitant spécialement de la psychologie du soldat en campagne. Cette absence a constitué une lacune.

Nous avons regretté amèrement de n'avoir pu éditer notre livre au moment même où il aurait pu donner son rendement maximum. Nous avons dû nous incliner devant la décision de M. le général De Ceuninck, ministre de la guerre.

Nos lecteurs pourront, à présent, juger quelle fut la dignité de sa conduite en déclarant inopportune la publication de cet ouvrage.

Notre travail est modeste. Nous le croyons étayé par des certitudes. Toutes nos assertions ont été contrôlées de multiples fois et dans les divers milieux de l'armée. L'expérience du temps a été suffisante pour consacrer notre étude.

Durant la grande guerre, le fait que certains gradés n'ont pas attaché l'importance qu'il convenait au développement de la force morale du soldat en campagne, a été grandement préjudiciable au succès de nos armes.

Que les leçons du passé contribuent à redresser cette erreur.

Notre but est d'attirer l'attention de certains, d'en initier d'autres, ou de les mettre en garde.

C'est à l'officier que s'adresse ce livre.

D<sup>r</sup> Léon WAUTHY.

PARIS ET LIMOGES. — IMPRIMERIE ET LIBRAIRIE MILITAIRES CHARLES-LAVAUZELLE.